足球体能训练丛书 3

足球运动与训练生理学

〔丹麦〕延斯·邦斯博　著
张阳　艾婧文　译
中国足球协会　审定

人民体育出版社

图书在版编目（CIP）数据

足球运动与训练生理学 / (丹) 延斯·邦斯博(Jens Bangsbo) 著；张阳, 艾婧文译. -- 北京：人民体育出版社, 2021

（足球体能训练丛书；3）

书名原文: Exercise and Training Physiology

ISBN 978-7-5009-6021-8

Ⅰ. ①足… Ⅱ. ①延… ②张… ③艾… Ⅲ. ①足球运动—身体训练 Ⅳ. ①G843.2

中国版本图书馆CIP数据核字(2021)第052279号

*

人民体育出版社出版发行
北京中科印刷有限公司印刷
新　华　书　店　经　销

*

710×1000　16开本　13印张　219千字
2021年7月第1版　2021年7月第1次印刷
印数：1—3,000册

*

ISBN 978-7-5009-6021-8
定价：68.00元

社址：北京市东城区体育馆路8号（天坛公园东门）
电话：67151482（发行部）　　邮编：100061
传真：67151483　　邮购：67118491
网址：www.sportspublish.cn
（购买本社图书，如遇有缺损页可与邮购部联系）

编译委员会

策划：李飞宇

审定：中国足球协会

译者：张　阳　　艾婧文

译审：王启荣

足球体能训练丛书序

体能是运动员竞技表现能力的重要基础。强化体能训练不仅可以提高运动员的身体素质，为能征善战奠定坚实基础，而且更能够锤炼运动员意志品质，锻造顽强拼搏、永不言败的优良作风。

中国足协已经注意到，科学地进行体能训练，是当今世界足球强队保持和提高竞争力的重要方法。过去我们的教练员培养体系存在较大短板，各级专业队伍的复合型保障团队建设滞后，很难实现训练的科学性，特别是体能训练在球队资源配置中还没有起到重要的基础性作用，专业的体能教练、康复人才以及队医等也都十分短缺。

长期“欠债”所造成的基础体能薄弱、专项体能不强的问题，制约着中国足球决胜赛场的能力提升和实力发挥。这既是巨大的挑战，也是努力的方向。我们必须快速地学习先进的理念和方法，必须依靠自己的能力才能在日益激烈的竞争中站住脚。所以，为了中国足球的成功，我们现在就要下决心、想办法提高自己全方位的竞争力，不能有短板。这就需要研究怎样提高球队的系统竞争力；研究怎样科学地实现技术、战术、体能和心理一体化训练；研究怎样更好地预防伤病和减少运动损伤，持续提升竞技能力并延长运动寿命；研究怎样利用大数据、人工智能、混合现实、生物技术等先进的科技来为足球赋能，通过科技帮助中国足球实现弯道超车。

足球竞技能力的提升是一个复杂系统。训练理念、训练知识要转化成教练员执教能力、球队收获训练成果，还需要一个转化过程，需要在实践中反复检验和快速迭代。我们的教练员都应该有开放、好奇的心态，努力成为一名足球领域的终身学习者，坚持做到知行合一。

这套丛书是一个工具套装，是亚足联C、B、A级和职业级教练员的培训指定教材。作者延斯·邦斯博和麦格尼·莫尔都是国际上享有声誉的运动与训练科学专家，他们通过这套丛书带来了当前国际足球体能训练、足球运动营养、足球运动生理学领域的先进理论和丰富实践经验的总结。中国足协推荐这套丛书的主要目的，就是要为各级教练员提升科学训练水平赋能，这样才能打造体能强健、技艺精湛、作风顽强、能打硬仗、为国争光的各级国家足球队，实现足球振兴的目标。

我相信，这套丛书将成为各级教练员必备的执教工具，广大的球员也将因此收获更卓越的竞技表现和更好的健康发展，正所谓“工欲善其事，必先利其器”。

体能筑基，科技强足。衷心祝愿大家学以致用，洋为中用，为中国足球培育更多的精英人才！

中国足球协会秘书长 刘奕

2020年9月11日

目 录

前言

身体对训练的反应及如何通过训练来改善身体功能和健康状况的关注持续攀升。根据我作为一名足球运动员的经历，以及在尤文图斯足球俱乐部和丹麦国家队担任教练员的实践经验，我相信很多人能够通过掌握运动与训练生理学的基础知识而从中获益。无论是为了实现最佳运动表现，还是为了娱乐消遣及预防或治疗疾病，对任何人在制订运动训练计划并做出合理决策都会有所帮助。

大部分体育运动都含有技术、战术、社会心理以及生理方面的要素。在各项运动中，每一个要素的重要程度又呈现出极大的不同。不过，大多数运动都需要考虑体能要素对于运动员竞赛与训练的影响，出色的体能状态是优秀竞技能力的基础。专项化的训练提供了高水平的体能，但这需要对不同训练类型对身体的各个器官所产生的影响有一个基础的认识。

因此，我写这本书的目的在于为运动引起的身体生理反应给出简单的解释，并介绍如何利用知识使训练计划收益。我以最新的科学研究作为基础，为教练员、运动员、医生、学生及相关人员提供有效且安全的训练信息。每一章提出的学习任务对于核心概念的理解均可起到辅助作用。

享受阅读快乐吧！

延斯·邦斯博

2011年12月

缩写词列表

ADP　二磷酸腺苷

AMP　一磷酸腺苷

ATP　三磷酸腺苷

CK　肌酸激酶

CNS　中枢神经系统

CO_2　二氧化碳

CrP　磷酸肌酸

EPO　促红细胞生成素

F_ECO_2　呼气中二氧化碳比重

F_EO_2　呼气中氧气比重

F_ICO_2　吸气中二氧化碳比重

F_IO_2　吸气中氧气比重

H^+　氢离子

H_2O　水

Hb　血色素

K^+　钾离子

m-RNA　核糖核酸信使

Na^+　钠离子

O_2　氧气

PFK　磷酸果糖激酶

PNS　周围神经系统

RFD　发力率

$\dot{V}CO_2$　二氧化碳呼出量

$\dot{V}_E$　单位时间呼气量（例如：潮气量）

$\dot{V}_I$　单位时间吸气量

$\dot{V}O_2$　摄氧量

$\dot{V}O_2$-max　最大摄氧量

引言

身体的许多过程需要能量，包括合成生命物质，消化食物，收缩肌肉和传递神经冲动。在运动过程中，肌细胞（通常称为肌纤维）利用能量结合氧和如葡萄糖的营养物质来完成纤维的收缩，产生二氧化碳（CO_2）和水（H_2O）：

葡萄糖+氧气（O_2）⟶二氧化碳（CO_2）+水（H_2O）+能量

一些富含在葡萄糖中的化学能量转化为肌肉中的机械能量（做功）。剩余的能量以热量形式流失。在做功（W）时，身体运转和完成做功所需的能量（E）数量间的关系称为机械效能（W/E）。机械效能取决于几方面因素，尤其是所进行运动的形式。举例来说，自行车运动的机械效能是20%～25%。换言之，能量的75%～80%以热量形式释放，从而引起体温升高。额外的热量流失于空气中，大部分随汗液蒸发。

食物中富含能量的主要营养物质为碳水化合物（糖和其他更多复杂的混合物质）、脂肪和蛋白质。水、维生素和矿物质对于维持生命体征来说同样重要且必须从食物中获得。

尽管维他命和矿物质中不含有能量，但如果缺乏可能会导致疾病和降低运动表现。能量平衡需要营养物质的摄入匹配身体对能量的需求。运动员较常人往往需要更多的能量，从而补充其为优化训练和比赛所消耗的大量的营养物质。碳水化合物、脂肪和蛋白质在消化系统中分解，通过肠道的吸收后进入血液，运送至细胞中。因此，它们可能转化成能量，储存以备后用或是用来合成其他生命物质。一些营养物质用来生成能量并暂时储存起来，以满足不同运动阶段的能量需求。

碳水化合物是身体所需的首要能量物质。例如面包、土豆、水果和意大利面中都富含碳水化合物。 碳水化合物以糖原的形式储存在肝脏（大约100克）与肌肉中（大约400克）。富含碳水化合物的饮食和训练可以显著增加糖原储备：肝脏中约达到250克，肌肉中约达到800克。血液和组织间液同样含有大约20克的如葡萄糖似的碳水化合物。运动过程中碳水化合物的消耗取决于之前的饮食和运动的强度等因素。

脂肪同样是产能的营养物质，富含于奶制品、植物油和坚果中。脂肪储存于脂肪细胞，多数位于皮肤层下，分布于腹部和臀部。然而，脂肪同样见于肌纤维内与周围。机体储存的脂肪多于碳水化合物，一名健康男子身体的脂肪含量约为其身体重量的10%，健康女子的脂肪量约为体重的20%。除去一次运动的强度和持续时间之外，利用脂肪提供能量的数量取决于饮食的结构。高脂肪饮食导致血液中高脂肪含量，这些脂肪更便于能量的产生。

蛋白质并不以固定形式储存，在所有器官中均可找到，大量富含于肌细胞中以完成器官的伸缩（肌动蛋白与肌凝蛋白）。食物中的蛋白质分解为可吸收的氨基酸并主要供新组织的合成与组织的修复使用，包括在训练和比赛中的分解。在休息和运动时，能量的产生以碳水化合物与脂肪为首要的应用底物。在休息过程中蛋白质供能只占10%～15%，在运动状态下占5%～10%。较静止状态，运动过程中能量消耗总量增加，继而蛋白质的供能比重也会加大。蛋白质供能随运动的强度与持续时间不同而变化，同样还取决于肌肉中的糖原含量。糖原的储存量越多，蛋白质（氨基酸）的消耗就越少。像牛奶、鸡蛋、鱼肉和红肉等都是富含蛋白质的膳食。

空气中的氧通过肺和循环系统，运送到肌纤维和身体器官与组织（图0-1）。氧吸入到肺中，通过扩散过小空气囊（肺泡）的薄膜到达细小血管（毛细血管），这些毛细血管在肺泡周围形成了网状系统。

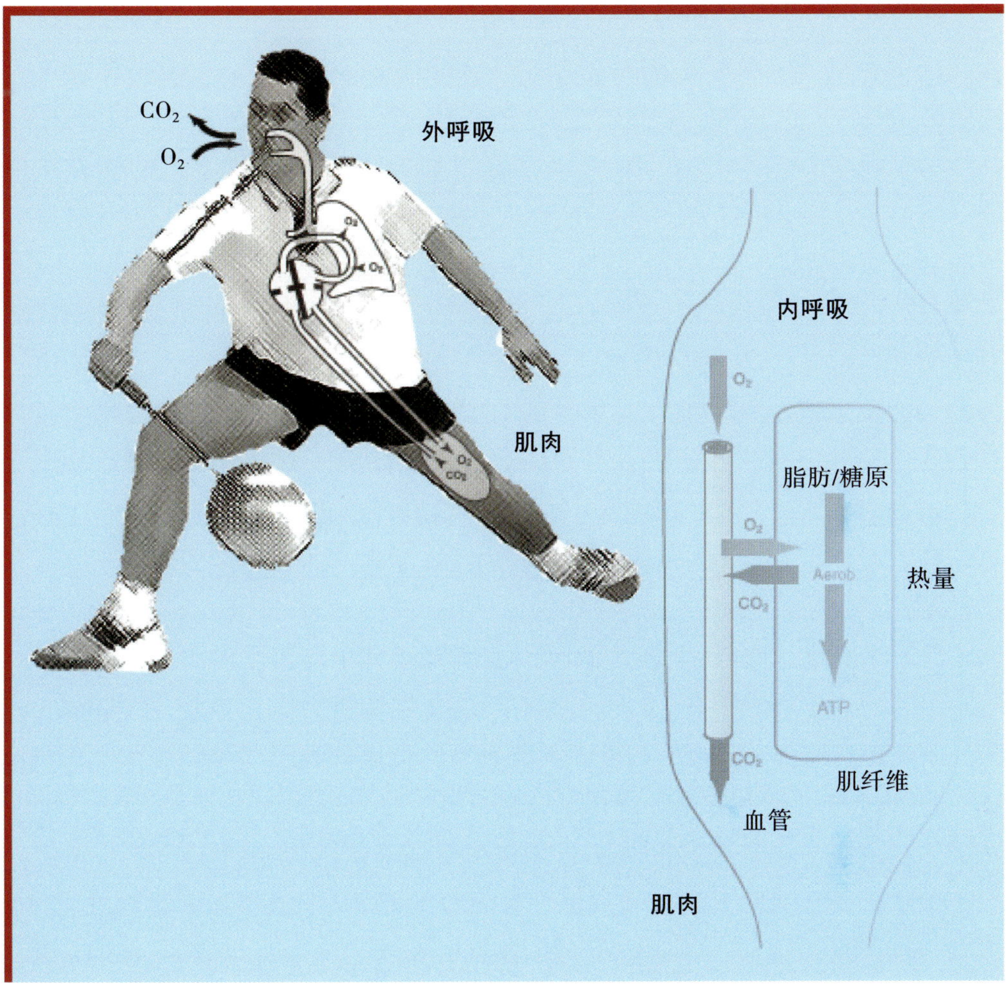

图0-1

氧由空气中输送到肌纤维。含氧的空气通过鼻、嘴和气管进入肺中，发散至血液由血液运送到肌纤维。这样氧（O_2）和营养物质发生反应产生能量（储存在ATP中）和二氧化碳（CO_2）。二氧化碳由血液运送到肺，然后通过肺呼出体外。

在血液中，氧与红血细胞中的血红蛋白结合。心脏将富含氧的血液通过血管泵至全身各个组织。在肌肉中，氧通过扩散从血液进入独立的肌纤维中，这个过程不消耗能量。当渗透膜一侧物质的浓度高于另外一侧时，气体的扩散出现“浓度曲线”。因此，氧扩散至肌纤维是因为肌纤维内的氧浓度较低，而肌纤维对氧的需求持续增长。这种扩散经过毛细血管壁与肌纤维周围的细胞膜完成。

运动过程中，肌纤维收缩对氧的需求量增加，更多氧被用来提供收缩需要的能量。同时在此过程中产生二氧化碳气体，扩散到血液中，由于肌肉内部的二氧化碳浓度高于毛细血管中的浓度，二氧化碳通过循环系统传送至肺，呼出体外；同时人体吸入更多的氧气，循环重复。热量由肌肉运动产生，被血液吸收，然后在身体中循环。肌肉同样可以在无氧状态下产生能量，称为无氧能量酵解。在此过程中，储存在肌肉中的能量丰富的磷酸原分解，糖转化成乳酸。

接下来的章节会更加细化地探讨休息与做功间出现的生理变化，然后着重于不同训练类型的影响，以理解为什么训练能够提高运动表现。这里描述了三种主要训练类型：有氧训练、无氧训练和抗阻训练。有氧训练和无氧训练是指能量产生的过程在训练中起支配作用。有氧训练通常是指运动强度在个体最大摄氧量以下，而无氧训练通常处于最大摄氧量之上。摄氧量表示运动强度时，通常要达到个人最大摄氧量的10%～60%强度（图0-2）。根据训练的运动强度，两种类型的训练可以分为几个不同的环节（参见图0-2）。有氧训练分为低、中等和高强度训练，无氧训练则分为速度、速度耐力训练。速度耐力训练由爆发性和耐受性训练组成（参见图0-2）。抗阻训练主要运用无氧能源途径，因此可以归为一种无氧训练形式，以提高受训肌肉的力量和爆发力。

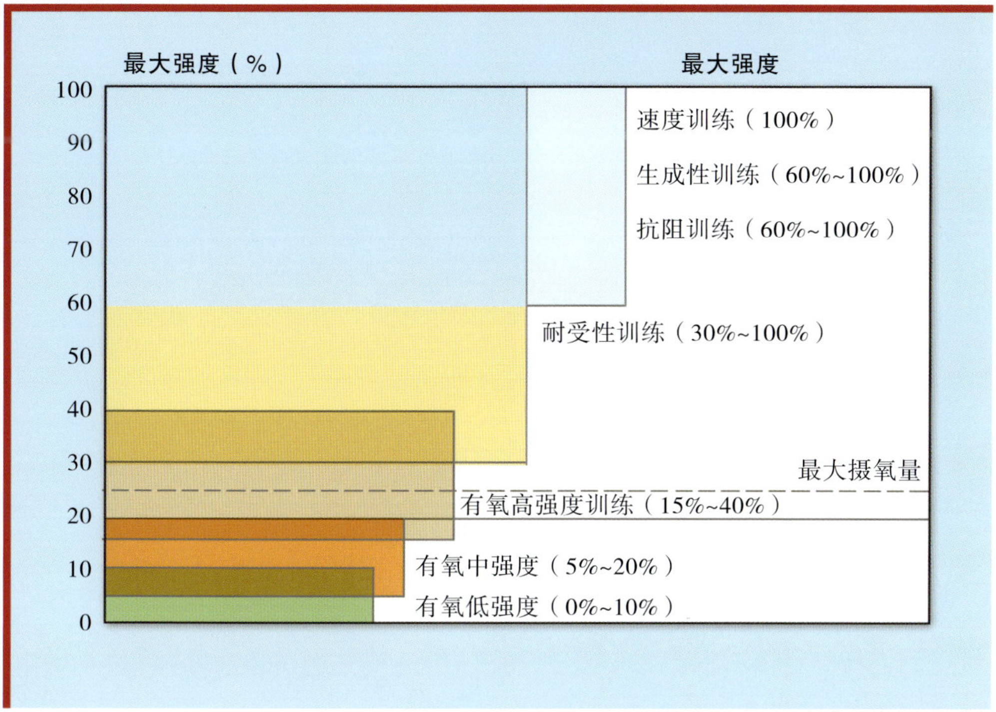

图0-2

不同类型训练做功强度的分区。分区以最大练习强度百分比（100%）予以说明。平行的虚线展现了最大练习强度百分比相对应的最大摄氧量。图中平均比率为25%，但个体差异的范围值为10%~60%。

1. 呼吸

呼吸有两种形式（参见图0–1）。体内呼气过程中营养物质在细胞内利用氧（O_2）燃烧并产生二氧化碳（CO_2）。氧通过血液传递至细胞，同样通过血液移除废弃的二氧化碳，以维持氧与二氧化碳浓度在体内的恒定。氧的摄入与二氧化碳的移除必须与体内呼吸的水平相适应。肺通过外呼吸对氧摄入和二氧化碳的移除比率进行约束。

氧从空气中传递到细胞包含几个步骤。首先是吸气过程，由隔肌与肋间肌的收缩（肋骨间的肌肉）。这些呼吸肌的收缩扩展了胸腔，降低了肺内部的压力。因此空气可以流经鼻腔、口并通过气管进入肺部。空气分散至小的气管中，即支气管，然后通过更小的末端支气管到达空气囊薄壁，即肺泡（图1–1）。细微的血管围绕在肺泡周围，即毛细血管。气体在肺泡与肺毛细血管间完成交换；氧从较高浓度的肺泡中扩散至血液，二氧化碳按照浓度曲线反方向扩散。静息状态时，当吸气肌群放松进行呼气，使胸腔回到静息容量，迫使气体从肺中呼出。在运动过程中，腹部肌群及其他呼吸肌群主动收缩增加了正常情况下气体被动呼出的过程。

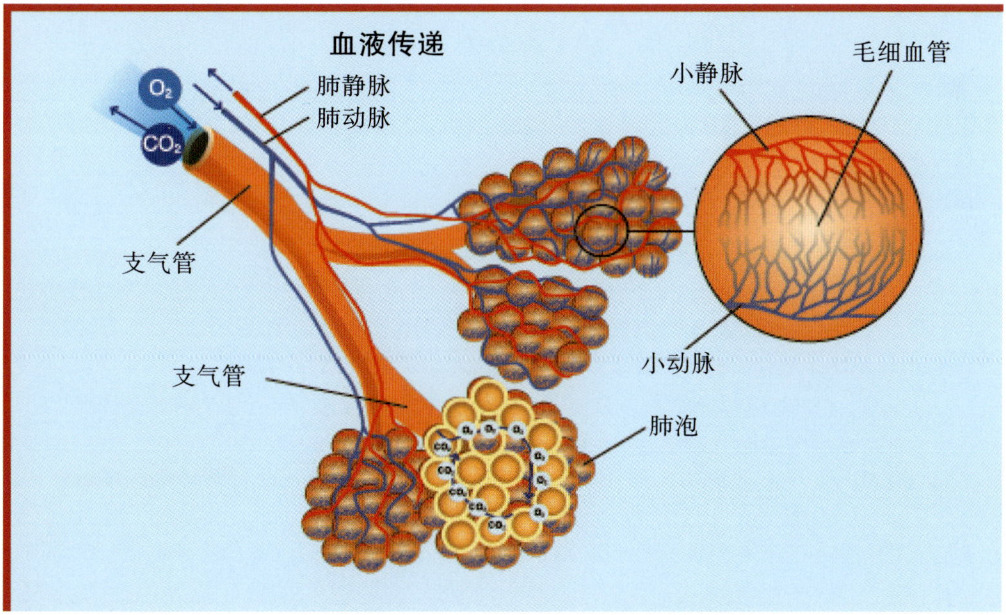

图1–1

肺中气体交换。空气进入气管、支气管，然后通过小支气管进入肺泡。氧和二氧化碳在肺泡与肺毛细血管间交换。从心脏右侧出来的肺动脉中低氧血在毛细血管中得以充氧，然后返回肺静脉中回流至心脏左侧。

通气量

呼吸过程中空气在肺中的交换称为通气量。通气量比率是指每分钟呼气量（升/分）。深且快速的呼吸得以提升通气量比率：

通气量比率（升/分）= 潮气量（升）× 呼吸频率（呼吸/分）

静息状态时，成人的通气量比率大约为6升/分，其中潮气量（一次呼气的量）大约为0.5升，呼吸频率大约是12次/分（表1-1）。运动过程中，由于肌肉中对氧的需求增加使得通气量增加。在中等强度负荷下，通气量比率的增长直接与工作强度相关。然而，在高强度负荷下，通气量比率的增长速度超过了运动强度的上升速度（图1-2）。血液的变化与做功时肌肉中乳酸的形成有关，因为乳酸会使血液偏酸。运动过程中通气量比率的增长是由潮气量与呼吸频率的共同增长所导致（参见表1-1）。剧烈运动过程中，通气量比率通常会达到100～110升/分，潮气量约为3升，呼吸频率大约在35次/分（参见表1-1）。最大吸气量后可以呼出的最大气量称为肺活量。即使在最大工作负荷下潮气量也不会超过肺活量的50%。

表1-1　非训练（UT）人群、中等训练（MT）人群和耐力训练（ET）人群分别在休息和运动状态下通气量比率、呼吸频率和潮气量上的差异

	通气量比率（升/分）			呼吸频率（次/分）			潮气量（升）*		
	UT	MT	ET	UT	MT	ET	UT	MT	ET
休息	6	6	6	12	12	12	0.5	0.5	0.5
中强度运动	60	60	60	30	25	20	2.0	2.4	3.0
最大强度	105	150	210	35	50	60	3.0	3.0	3.0

* 潮气量个体间存在明显测定差异。例如，休息状态中通气量比率相同的情况下，呼吸频率的差异从每分钟几次到20次左右。

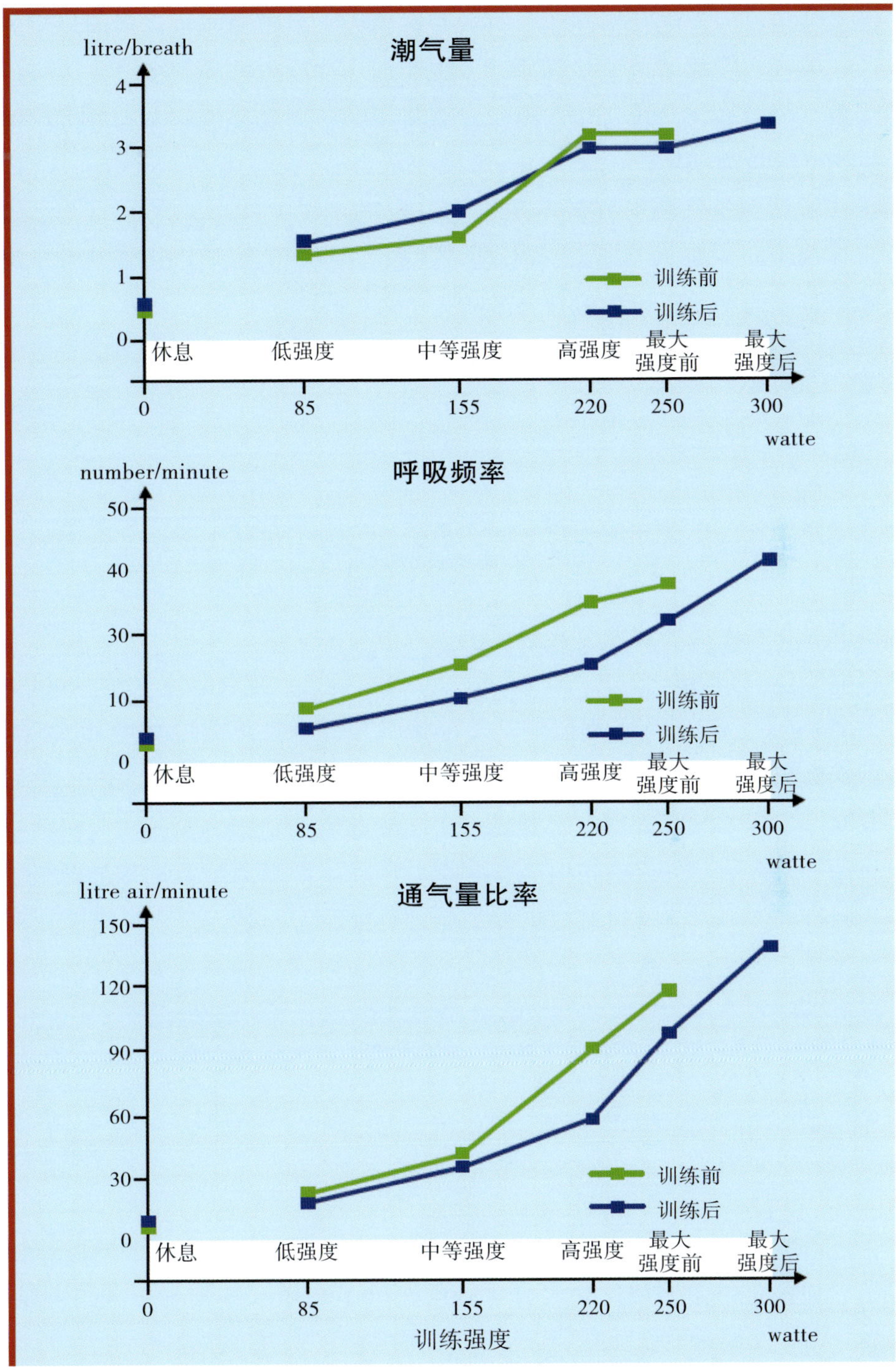

图1-2

训练对运动强度与呼吸关系的影响。潮气量、呼吸频率和通气量比率在休息状态和循环运动训练周期前（绿线）后（蓝线）的变化。

由于肺部组织弹性降低和呼吸肌群力量减弱，最大通气量比率随年龄上升而下降。最大通气量比率还与机体的大小相关，如较大的肺容量拥有相对较高的潮气量。相对男性而言，女性肺容量通常较低，因此女性的潮气量也较低，通气量比率也较低。

特殊的环境条件会对呼吸产生影响。举例来说，如果空气中的氧含量减少，机体会通过增加通气量比率来进行代偿。这种情况大多出现在高原条件下，即每升空气中含有较少的氧分子。

训练对呼吸的影响

肺的体积和肺活量是由遗传基因所决定的，对于成年人来说，不会因训练而引起改变。相比之下，呼吸肌群（特别是隔肌与肋间肌群）通过有氧训练可以变得更强壮且不易出现疲劳。通过训练可以增加最大通气量比率，高水平运动员可以到达超过200升/分，潮气量约为3.5升空气，呼吸频率大约为60次/分（参见表1–1）。某些优秀划艇运动员的通气量比率甚至超过240升/分。通过有氧训练提高最大通气量比率主要是由于呼吸频率的提高，而最大潮气量没有很大改变。训练本身或许不会对呼吸产生实际的影响，因为大多数人在剧烈运动中，潮气量和频率并没有得到充分利用。因此，呼吸系统通常不会限制机体对氧气的摄入，但对于受过良好训练的运动员来说可能是一个限制因素。

通气量比率不会在进行一段时间的低强度有氧训练后而发生改变。然而，在次最大强度运动过程中，有氧训练会降低通气量比率（参见图1–2）。

总结

呼吸系统负责将空气中的氧运送到血液中，并将血液中的二氧化碳释放到大气中。运动过程中，通过潮气量（呼吸深度）和呼气频率（次/分）的增加使得通气量比率增加。剧烈运动过程中，通气量比率可以超过100升/分。优秀运动员可以通过训练提升最大通气量比率，且超过200升/分。

学习任务

复习题

1. 对于没有受过训练的人，通常在休息状态下中等强度和最大强度运动中通气量比率是怎样的？对于经过良好训练的运动员来说情况又如何？

2. 在最大强度运动中，潮气量与呼吸频率的量级是多少？

3. 什么是肺活量？

4. 描述训练对于最大通气量比率的影响。

计算题

一名女子在跑步机上以两种次最大速度和一种等同于最大摄氧量速度的节奏进行测试。相应的数值如何：

跑动速度（公里/小时）	9	12	14（最大摄氧量）
呼吸频率	20		35
潮气量	1.6	2.2	
通气量比率		66	88.2

1. 在空白处填写变量。完成表格并用曲线图结合跑动速度说明通气量比率，潮气量及呼吸频率的变化［例如，用跑动速度作为横轴（X），其他变量作为纵轴（Y）］。

2. 该女子进行有氧训练3个月之后，再次进行测试。请用新表格展现你希望看到的呼吸量变化。

2. 心血管系统

心血管系统由心脏、血管和血液组成。心血管系统主要完成身体各组织与器官中细胞的物质运送：

- 肺与细胞间氧气和二氧化碳运送
- 从肠道向细胞中运送营养物质、盐和维他命
- 将乳酸和葡萄糖等物质从产生的组织器官中运送到其他组织和器官中使用，这些器官包含肝脏和肾脏
- 将细胞代谢废物运送至肾脏排泄，毒素运送至肝脏排毒
- 将激素（化学信使）从产生激素的器官运送给细胞以维持运转（例如，从胰腺分泌的胰岛素以促进细胞对葡萄糖的吸收）
- 细胞代谢和吸收会连带产生热量，并且热量会通过皮肤与外界环境进行交换。

在本章中，我们将探讨心脏和血管。在第3章中我们将讨论血液。

心血管系统的结构与功能

心血管系统可以被视为有血液流经的连接着两个环形的脉管。肺部的循环通路小于为机体其他部分提供服务的大循环通路。两个系统由中间的泵，即心脏相连接。厚肌肉壁将心脏分成两个独立的肌肉泵（图2-1）。心脏的每个半边又进一步分为接收回心血液的心腔，即心房和一个肌肉高度发达的主心室。右心室泵出的血通过小循环通路（肺循环），左心室泵出的血遍及全身（体循环）。将血液从心脏运出的血管称为动脉，将血液运回心脏的血管称为静脉。

首先左心室泵出的血通过全身的大血管，即主动脉，然后分流至较小的动脉中。这些动脉将血液再分流至更小的血管中，称之为毛细动脉。毛细动脉将血液分流至细微的薄壁网状细小血管系统，即毛细血管（图2-2）。氧气、二氧化碳、营养物质和其他物质通过毛细血管网（毛细血管床）在体细胞、器官和组织中进行交换。薄毛细血管壁只有一个细胞厚度，但具有非常高的交换效率。血液从毛细血管流回心脏，首先经由小静脉，小静脉再汇聚较粗较大的静脉。两个大静脉从下肢和上肢运输的血液在进入右心前首先汇合。

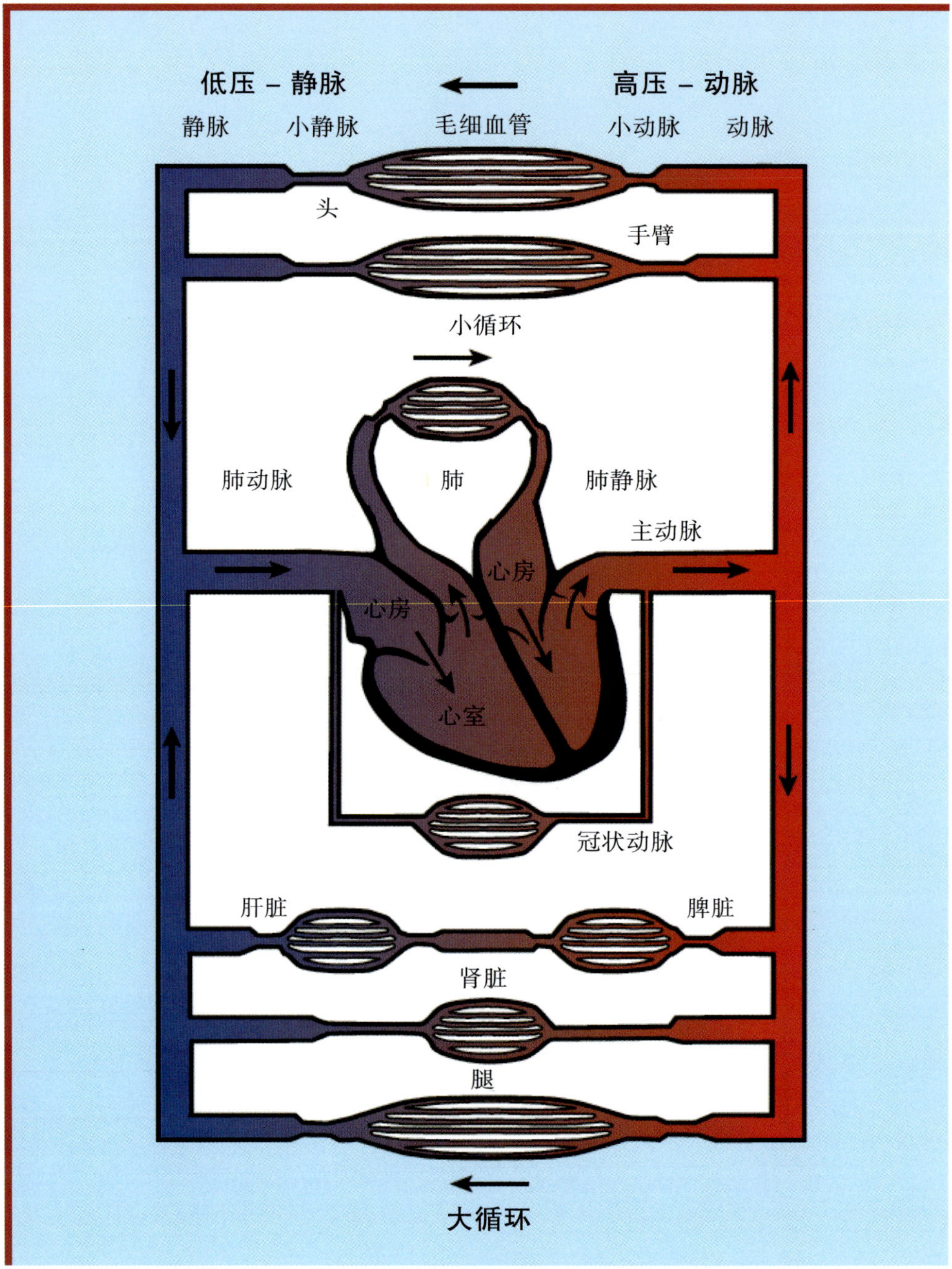

图2-1

心血管系统的大小循环。右心室泵血至肺动脉到肺（小循环），肺部中氧的浓度高于血液，而二氧化碳浓度较血液中的浓度低；左心室将肺部返回的富氧血液通过各级血管网输送至全身各个器官和组织（大循环）进行交换后，把低氧浓度的血液送回心脏。图中红色代表富氧血，蓝色代表低氧血。

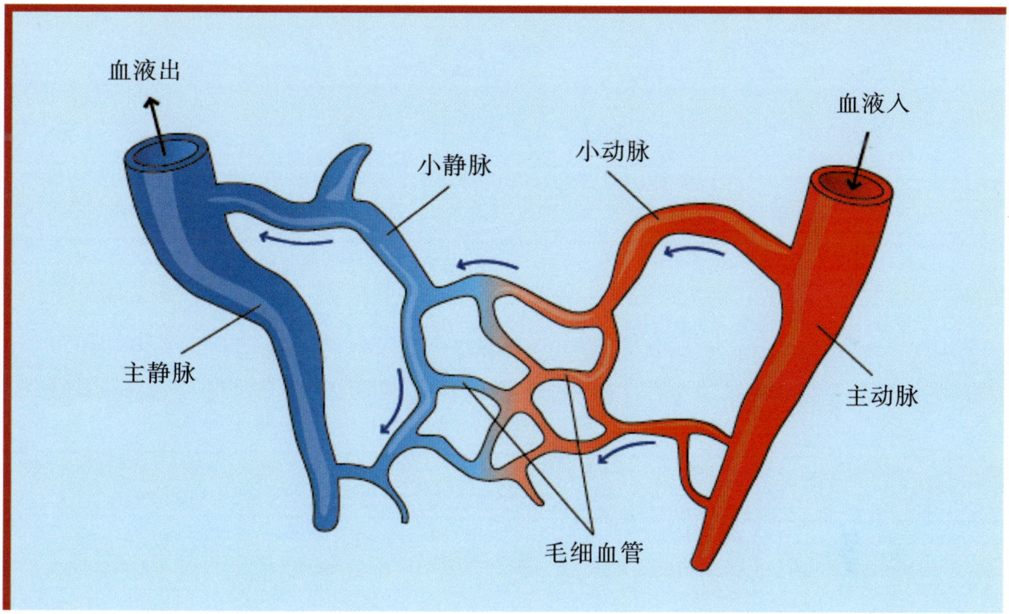

图2-2

心血管系统的结构。血液由逐步细化的主动脉和小动脉输送到组织中。在组织中存有毛细血管网，极细微的血管。血液通过主静脉和小静脉输送回心脏。

血液从组织中返回右侧心脏，此时血液中的氧气浓度低于动脉血，而二氧化碳浓度高于动脉血。这种差异源于细胞的代谢（细胞中的生物化学过程）消耗氧气，同时产生二氧化碳。肺部小循环，此过程释放二氧化碳，消耗氧气。然后富氧的血返回到心脏左侧，再一次通过体循环泵血至机体组织（参见图2-1）。心脏同样拥有自身的供血组织，即冠状动脉，主动脉的分支，靠近心脏。心脏的小静脉汇总于连接右心房的总静脉。

心脏每分钟所泵出的血量称为心输出量。心输出量的大小主要取决于两个因素：心脏每次收缩泵出的血量，或每搏输出量（简称：每搏量）及心脏每分钟跳动的次数即心率*心输出量计算的公式为：

心输出量（升/分）= 每搏输出量（升/次）× 心率（次/分）

* 脉搏通常用来替代心率。然而，它是具有误导性的，由于它引用了心脏泵血运动所产生的动脉压力。

心输出量取决于身体大小，身材高大的人的心脏比身材矮小的人大（尤其内部容积更大），血量更多，因此每搏输出量更大。静脉的回心血量同样显著地影响到每搏输出量。女子的心脏通常小于男子的心脏，女子的总血量通常也少于男子。因此，女子具有较小的最大每搏输出量，所以最大心输出量也较低。每搏输出量和心输出量受心脏收缩功能的影响。最大心输出量随年龄的递增而下降，主要原因是由于最大心率会随年龄的增长而降低。然而，每搏输出量也会随着年龄的增长而降低，主要由于心脏收缩能力的减退和血液总量的下降。

心血管系统对运动的反应

如本节所说，运动会对心脏功能的评估产生明显的影响。

心输出量

静息状态时，一个成年人的心输出量大约为5升/分，每搏输出量约为85毫升，心率约为60次/分（表2-1）。5升心输出量大体相当于心血管系统中全部的血量。因此，每一个红细胞平均每分钟通过心脏一次。

运动提高了每搏输出量和心率，从而使心输出量得到提高（参见图2-3，表2-1）。运动过程中，肌肉收缩需要额外的氧气。因此增加心输出量满足了这一需求。

通过交感神经系统活动的增加来提高自主神经系统的兴奋性。心输出量随做功强度的增加呈直线上升。一般来说，心输出量从休息到最大做功可以增加4~6成，最大心输出量可以达到20 ~ 30升/分。

表2-1 非训练（UT）人群、中等训练（MT）人群和耐力训练（ET）人群在休息和做功状态下的心输出量、每搏输出量和心率

	心输出量（升/分）			每搏输出量（毫升）			心率（次/分）		
	UT	MT	ET	UT	MT	ET	UT	MT	ET
静息状态	6	6	6	12	12	12	0.5	0.5	0.5
中等强度	60	60	60	30	25	20	2.0	2.4	3.0
最大强度	105	150	210	35	50	60	3.0	3.0	3.0

每搏输出量

每搏输出量随着做功强度的增加而上升，达到约为50%最大摄氧量（$\dot{V}O_2$-max）的对应强度。当强度进一步增加时，每搏输出量只有较少的增长（参见图2-3）。在最大强度下，甚至每搏输出量下降，这可能是由于心率升高后，心脏的舒张时间太短，不足以实现最大限度的充盈。然而，对于一些经受过良好训练的运动员来说，每搏输出量随做功强度的增长而持续提升，几乎达到最大摄氧量的对应强度。

心率

心率也随做功强度的增加而升高（参见图2-3），休息状态下心率约为60～70次/分，在非常剧烈的做功状态下，心率约为200次/分。运动开始阶段，心率逐步上升，如果运动强度突然增加，心脏需要一些时间对变化的状态做出反应（图2-4）。心率达到恒定状态之前，需维持几分钟相同的运动强度（例如，稳定状态）。

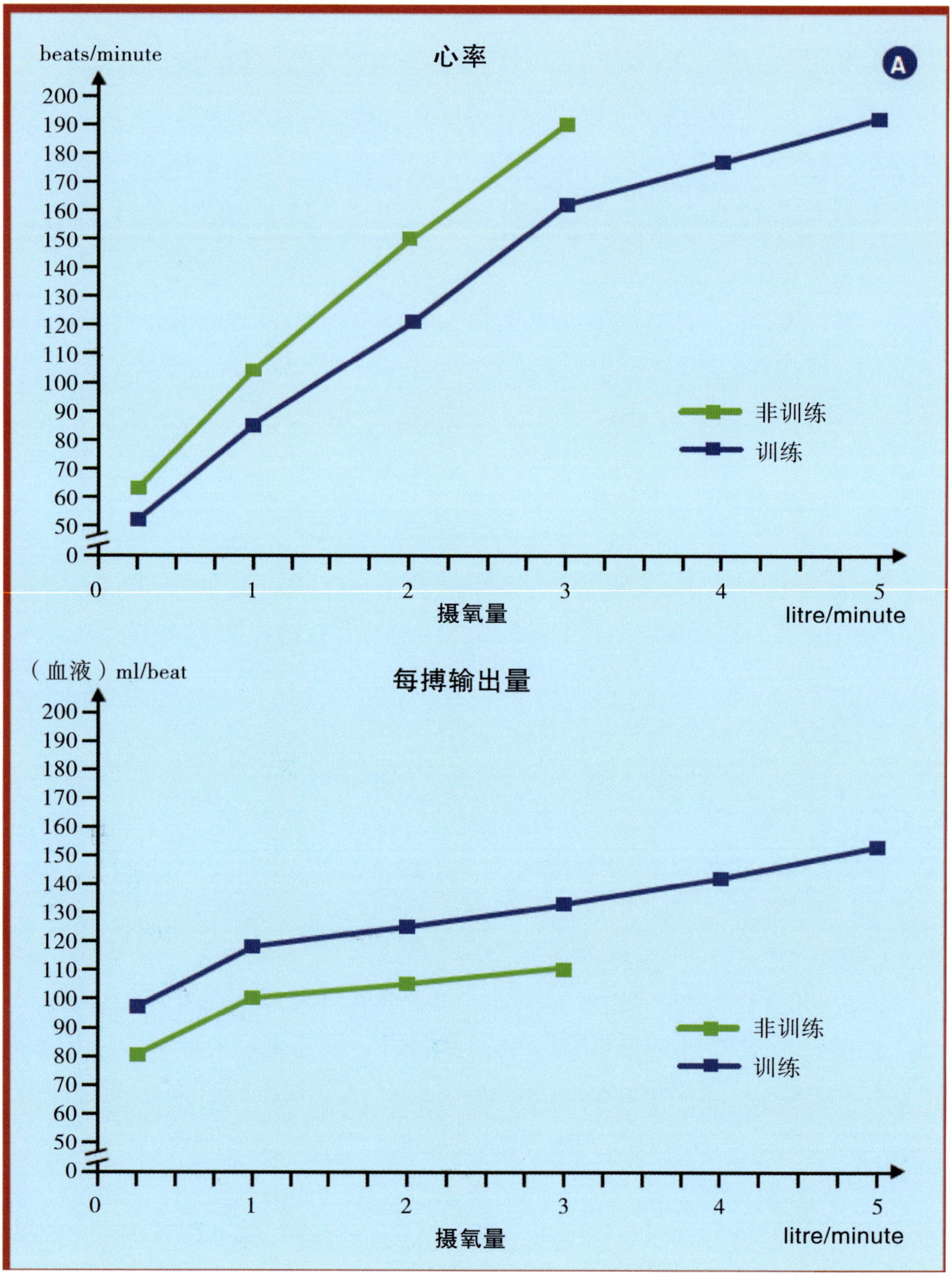
beats/minute
心率
A
200
190
180
170
160
150
140
130
120
110
100
90
80
70
60
50
0
非训练
训练
0
1
2
3
4
5
摄氧量
litre/minute
（血液）ml/beat
每搏输出量
200
190
180
170
160
150
140
130
120
110
100
90
80
70
60
50
0
非训练
训练
0
1
2
3
4
5
摄氧量
litre/minute

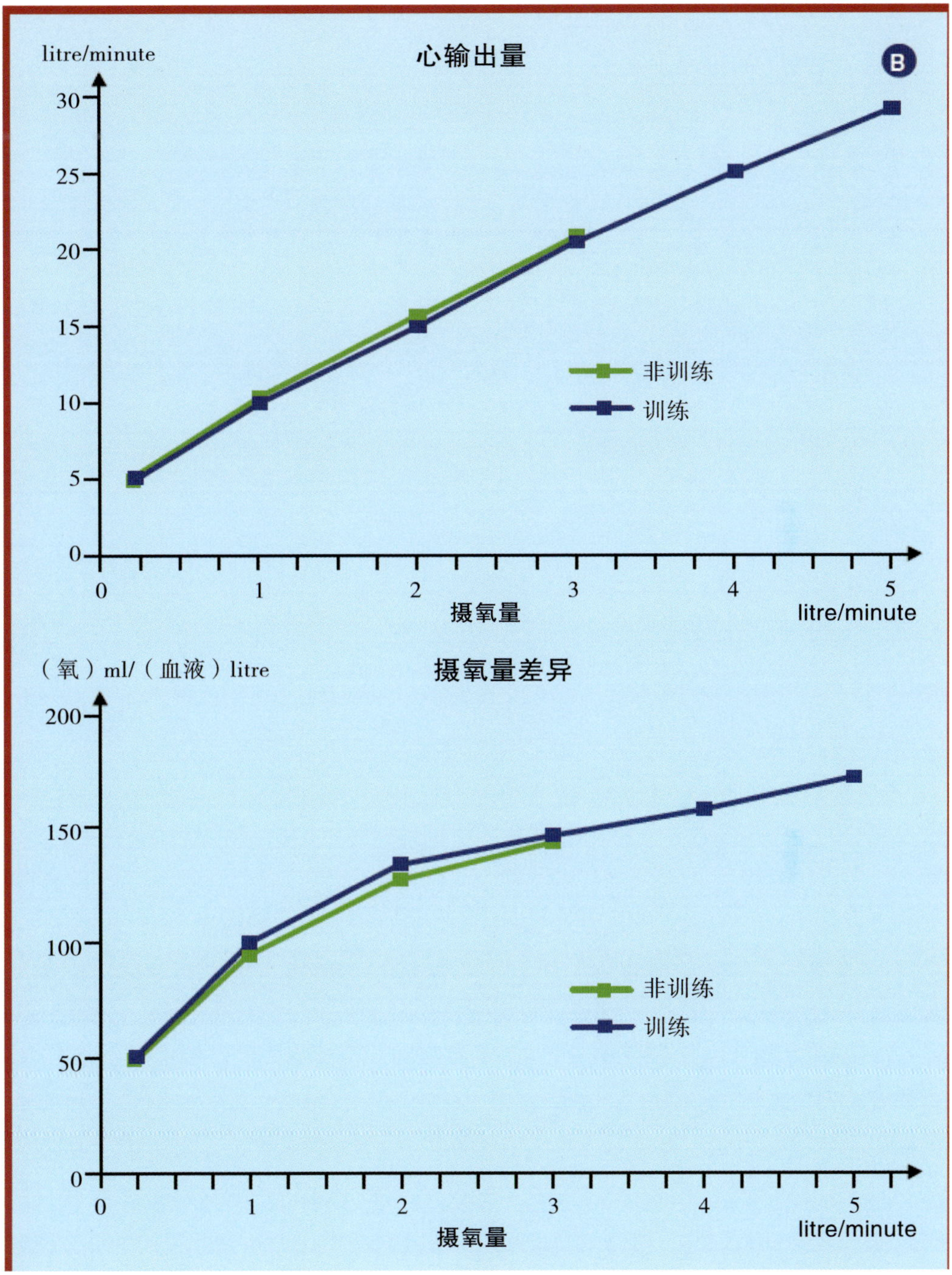

图2-3

训练对运动强度和心血管系统间关系产生的影响。心率、每搏输出量、心输出量和摄氧能力，休息期和周期训练下非训练（绿线）与训练（蓝线）的年轻成年男性差异。

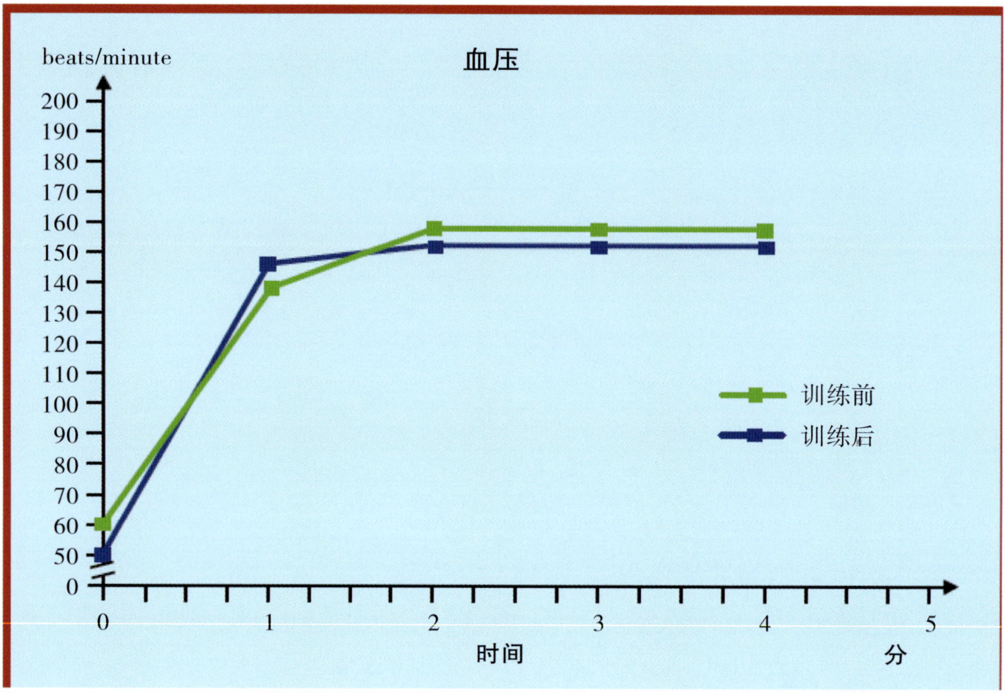

图2-4

运动初始阶段训练对心率提升的影响。训练前（绿线），需要2分钟的时间在对应的运动强度下使心率达到稳定状态。训练后（蓝线）缩短了达到稳定状态和心率处于稳定阶段的时间。

个体的最大心率存在显著差异。例如，研究显示16～19岁人群最大心率范围从每分钟180~230次。一般来说，最大心率随年龄的增长而下降。因此，年长人训练时的最大心率应低于年轻人。一个最大心率测定的公式是［（220-年龄（生物年龄）］次/分。然而，由于最大心率在同龄人中存在广泛差异，因此公式并不是很准确，因此可以通过测定最大心率来满足训练的需求。举例而言，一个人的最大心率为180次/分，他进行心率为160次/分的训练，相当于以其最大心率的89%做功，这是非常剧烈的运动强度。相反，如果一个人的最大心率为220次/分，同样以160次/分进行训练，那么只达到了最大心率的73%，说明运动强度相对较低。

心输出量的再分配

从休息状态向做功状态转换的过程中，由于心输出量的增加导致血量重新再分配（图2–5），心脏的泵血能力不能满足运动过程中所有的器官和组织的需要。因此某些脏器内的血流量减少，如肝脏和肾脏。这些器官可以耐受暂时的血流减少，因为在休息状态时，它们通常会得到较大的心输出量比重，高于基础代谢需求。大部分血液直接分配至最需要的组织，主要是肌肉。流向皮肤的血液同时明显增加以释放肌肉收缩所产生的热量。

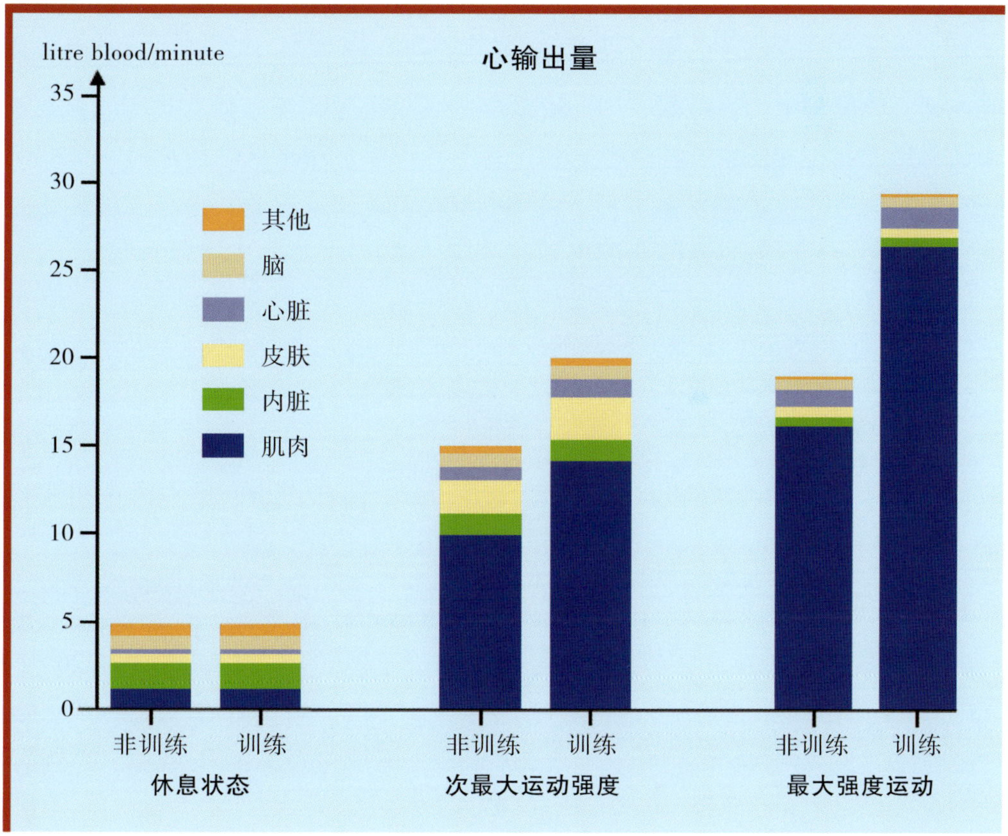

图2–5

休息状态下，长时间运动中及最大做功条件下训练对心输出量分配产生影响。注意在休息状态与做功状态时心输出量分配的差异，同样还有长时间做功与短时间最大强度运动时心输出量分配的不同。后者中，内部器官和皮肤的血流量分配比例降至最低。有受训经历的个体比未受训练个体的最大心输出量更高，同样可以为做功肌群分配更多的血量。

血流量的重新分配是依靠血管阻力的变化而发生的。阻力的改变是通过血管壁中平滑肌细胞的伸缩引起的。这些平滑肌细胞由植物神经系统控制（参见第11章）。运动过程中，交感神经系统的活动增加刺激了平滑肌细胞的收缩，从而缩小了血管的直径。这样，某些器官的血流量减少。这些器官的血流量减少以确保大肌群工作时平均血压不会下降。在收缩的肌肉中，释放出如氮氧化物和腺苷这些物质，产生相反作用：放松平滑肌细胞，扩大血管直径并允许更多的血液输送至肌群。

心血管系统必须始终为大脑和心脏提供充足的血液。即便是短时间的缺氧也会对这些器官造成永久性的损害。大脑中的神经细胞完全依赖氧气产生能量（有氧呼吸）。血液供应受阻30～40秒就会出现神志不清。同样，心脏肌肉不能在无氧的过程中产生能量，因此对氧气的需求很高即使在休息状态下，心脏活动占用了超过70%的氧气输送。相比之下，在休息状态下，通过整个机体系统组织后，血液中的氧气水平只下降了约30%。运动过程中，由于心脏产能的增加导致血液分配至心肌的比例增加。

血压

血管系统的压力随着心脏泵血循环的变化而持续发生改变。当心脏处于充盈阶段（心脏的舒张期），血压降至最低水平，称之为舒张压。相反，在心脏收缩阶段（心脏的收缩压），血管的压力达到最高，产生收缩压。休息状态下，舒张压约为80毫米汞柱*，收缩压约为120毫米汞柱。剧烈运动中，舒张压和收缩压会分别升高至100和240毫米汞柱（图2–6）。

平均血压可通过产生的心输出量和系统中总阻力来进行计算：

血压（毫米汞柱）= 心输出量（升/分）× 总外周阻力（毫米汞柱/升/分）

---

* 血压以毫米汞柱（mm Hg）进行测量，通过装置控制血流以汞柱呈现血压的情况。

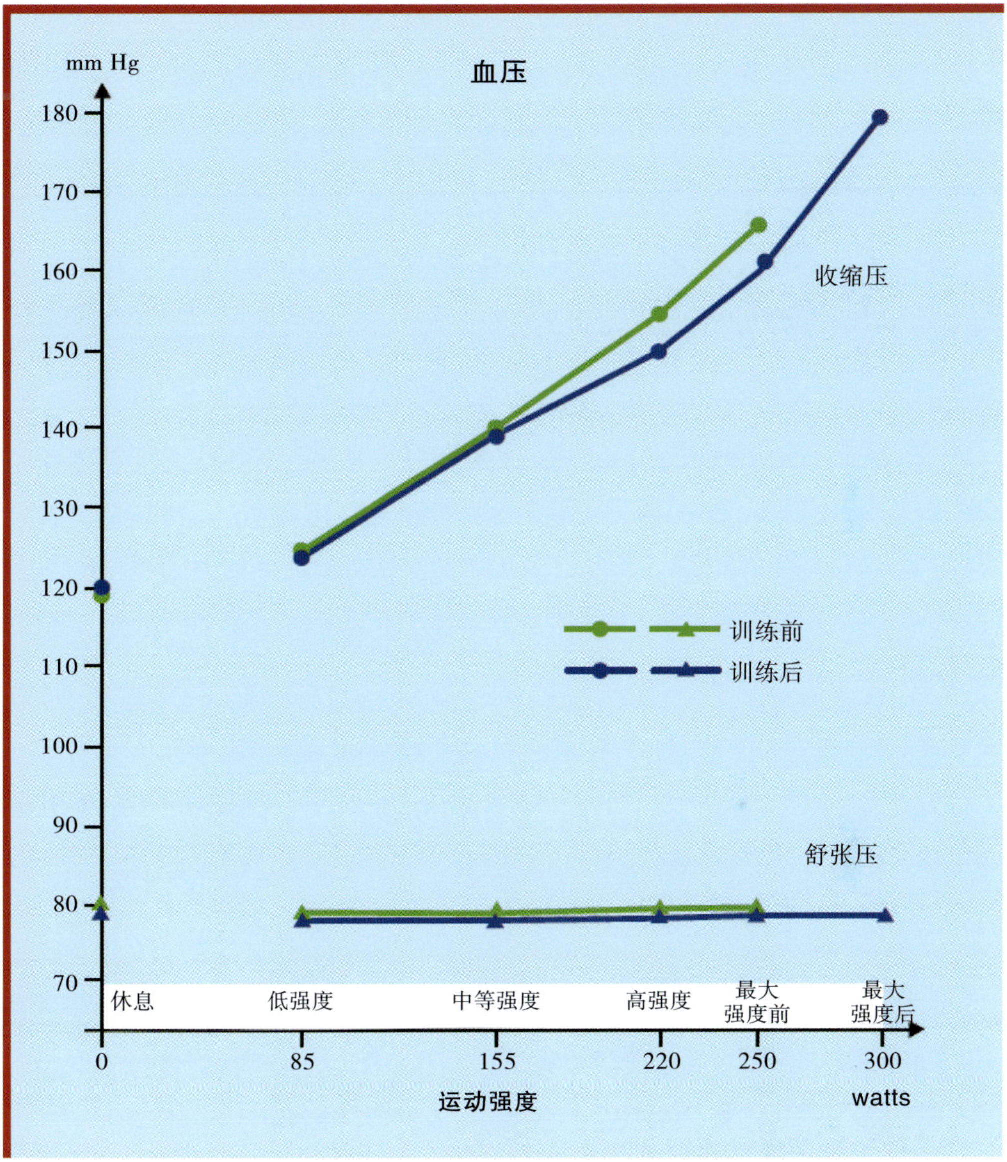

图2-6

一段时间的有氧训练前后收缩压和舒张压的情况。图中显示了收缩压（圆圈）和舒张压（三角形）在静息状态下，次最大和最大（依据最大摄氧能力）做功情况下训练前（绿线）与训练后（蓝线）的情况。收缩压随运动强度的增加明显上升，而舒张压变动很小。训练只在最高做功强度上对血液产生影响。

运动过程中，总外周阻力减少，交感神经系统因此而增加了“非活跃”器官和组织的阻力。总阻力由做功肌肉中血管直径的增加而降低。

然而，由于心输出量的增加幅度超过了阻力的降低幅度，因此在运动过程中血压升高，并且运动强度越高，血压越高（参见图2–6）。

训练对心血管系统的影响

有氧训练可提高心脏的容积，心肌的收缩能力及血液总量。这些变化可优化心脏的充盈能力，从而使最大每搏输出量和心输出量增加（参见图2–3）。一个受过多年专业训练的运动员的每搏输出量在200毫升以上，心输出量在42升/分。每搏输出量越高决定着心输出量越高，因为最大心率并无变化，有时训练后甚至出现略微下降（参见表2–1与图2–3）。心率的下降或许是有利条件，当心率降低时，增加了舒张心脏的充盈时间（例如舒张期），以优化心输出量。

通过有氧训练静息心率会有所下降，一名受过良好训练的运动员在静息状态下的心输出量由低心率与高每搏输出量共同组成。通过对顶尖耐力训练运动员的观察发现，静息状态下的心率可以低至28次/分，每搏输出量约为170毫升。高每搏输出量可以实现，以较少的心率满足全身既定血量的需求。这一关系同样适用于任何需要既定心输出量的亚极量运动，与运动参与者的训练水平无关。因此，当经过一定训练周期的既定亚极量负荷的运动后，参与者的心率会降低，而每搏心输出量升高（参见表2–1与图2–3）。女子的静息心率（约为70次/分）高于男子（约为60次/分），主要是因为她们（一般来说）的每搏输出量较小。

心率储备是指运动中心率上升的过程（例如，从静息心率达到最大心率）。在一段时间有氧训练后，静息心率降低，最大心率则没有实质变化，因此心率储备增加。

当人体停止运动后，心率会随之恢复到静息水平。进行有氧训练后，运动后心率下降速度加快。因此，心率下降所用的时间可以用来评价个体心肺功能状况。举例来说，可以通过测量个体运动后的即刻心率以及停止运动后一分钟的心率来评价训练对于心肺状态的改善状况。然而，需要注意的是心率的恢复除了受心肺功能影响外，其他因素也会对此产生影响。举例来说，在高温或高原低氧压的环境下进行一定运动后，心率下降速度会相对减慢。

有氧训练后，次极量训练对于血压的影响很小。然而，极量运动后心输出量的增加会引起血压升高（参见图2–6）。

总结

运动过程中，由于心率和每搏输出量增加，引起心输出量的增加。血流重新分配，流向收缩的肌群。一段时间有氧训练后每搏输出量的增加使得在亚极量运动时心率下降而最大心输出量增加。有氧训练也可以加快运动后心率恢复的速度。

学习任务

复习题

1. 定义心输出量。如何计算？运动强度如何影响心输出量？

2. 平均静息心率是多少？在最大强度运动中的心率又怎样？

3. 休息状态下的平均每搏输出量是多少？在最大强度运动中每搏输出量又怎样？

4. 运动过程中血流如何重新分配？

计算题

1. 亚极量运动中，每搏输出量为100毫升，心率为140次/分的情况下心输出量为多少？进行为期两个月的有氧训练后，会产生怎样的变化？

2. （A）在进行为期3个月的有氧训练前，通过功率自行车测试得出的结果为：

	休息	100 W	200 W	最大强度
心率	60	150	180	200
每搏输出率	90		120	
心输出量		15		24

- 逐一对变量进行描述
- 将表格内的空白填满
- 使用心率、每搏输出量和心输出量做出图表用来说明运动强度［如将运动强度作为横轴（X），其他变量作为纵轴（Y）］。

（B）训练周期后，重新进行测试的结果如下：

	休息	100 W	200 W	最大强度
心率	54		160	
每搏输出率		120		
心输出量				28

同样需要在表格空白处填写数值或给出正确的估算值。

3. 血液

血液是心血管系统的运输载体。成年人的血量约为5～6升。血量的差异与身材、性别和年龄有关；身材矮小的女性和年长者较身材高大的男性和青年来说血液量通常较少。

血液的构成

血液由液态血浆组成。血浆中包含了细胞和多种生化物质。血浆中含有三种血细胞：红细胞、白细胞和血小板，血小板实际上属于残留细胞。一个成年男性体内血液量的55%～60%为血浆（图3-1）。血浆为微黄色液体，其中约90%为水、营养物质、激素和其他物质，如乳酸通过血浆运至机体各种细胞或从各种细胞运输至血浆中。

红细胞在全血中所占的比例称为红细胞压积。男子的红细胞压积为40%～45%，通常女子红细胞压积值稍低（38%～42%），通过对试管中的血样进行离心分离而得出。红细胞比血浆重，因此沉淀于玻璃试管的底部。红细胞占总体积的比重可以由此计算。如果血液中的血浆比重改变，红细胞压积会发生暂时改变。举例来说，当人体摄入大量的液体时，红细胞压积将会降低（例如，血浆比重升高）。同样，运动过程中由于液体的流失会随汗液蒸发而增加以及肌肉活动需要额外的水分，因此会造成血浆的百分比下降，红细胞压积升高。红细胞压积越高，血液的黏稠度越大，使得心脏推动血液在血管中流动的阻力增大。

白细胞在红骨髓、淋巴组织，如淋巴结节和扁桃体中产生。这些细胞是免疫系统的组成部分，保护身体免受外来物的入侵，例如细菌和病毒。血小板同样产生于红骨髓中并且可能储存于脾脏中。血小板的主要功能是帮助凝血。红细胞从红骨髓中产生并组成绝大多数的血细胞（约为99%）。

红细胞的主要功能是将氧从肺部运送至全身细胞，再将细胞中的二氧化碳运回至肺部。大多数的氧和二氧化碳都通过化学键与红细胞结合。血液呈红色是由于红细胞中含有含铁蛋白，即血红蛋白。血红蛋白与氧以化学键结合。在肺中，一分子的血红蛋白结合4个氧分子，血红蛋白（Hb）转化成氧合血红蛋白$Hb(O_2)_4$：

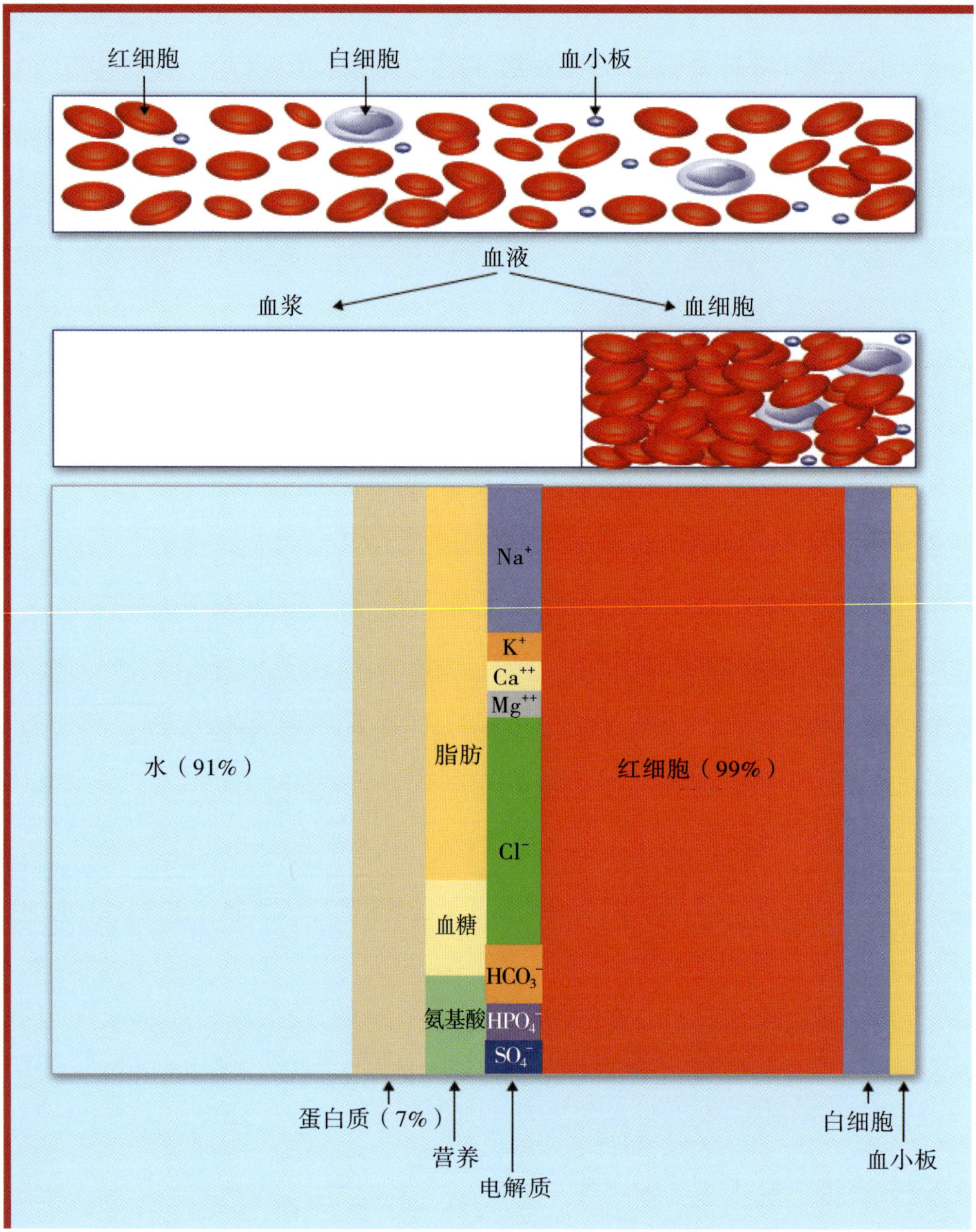

图3-1

血液的成分。血液由液体和细胞组成。三种血细胞为红细胞、白细胞和血小板，悬浮于血浆之中。

$$Hb+4O_2 \rightarrow Hb(O_2)_4$$

由于氧分子与红细胞结合松弛，这样就很容易将氧释放到氧浓度较低的组织当中。如果血红蛋白浓度低于正常状态（贫血），那么血液的载氧能力就会下降。反之亦然。正常男性的血红蛋白浓度为14～15克/100毫升血液，女性的含量为13~14克/100毫升血液。因此，通常女子的载氧能力低于男子。1克血红蛋白结合1.34毫升氧。因此，男子每升血液可携约200毫升氧，或称为20%容积/容量。

训练对血液量和血液成分的影响

血红蛋白浓度（Hb/L）与红细胞压积表明了血液的载氧能力（每单位血液）。一段有氧训练后，血红蛋白浓度和红细胞压积通常保持不变，但是总血液量增加（表3-1）。因此，总血红蛋白量和总载氧能力提高。研究显示，高水平耐力训练后的个体较未受训个体，其血红蛋白浓度更低，但血红蛋白总量更高。出现这种情况是因为训练使血浆相对增量大于血红蛋白。随训练而造成的血红蛋白浓度和红细胞压积下降有益于降低血液黏稠度（稀释血液），因此也就降低了心脏的工作负荷。专业受训的运动员中出现的红细胞压积降低可能是由红细胞破损引起；心血管系统向周围泵出红细胞越频繁，则可能越容易引起红细胞的破损速率大于生产速率。

表3-1　同样体型和年龄的非受训个体，中等受训和经受过耐力训练个体的血液测量

训练水平	总血量（升）	血浆量（升）	血细胞量（升）	红细胞压积（%）
非训练	5.2	2.9	2.3	44.2
中等训练	5.8	3.3	2.5	43.1
耐力训练	7.0	4.0	3.0	42.9

血液载氧能力的提高

血液的载氧能力，可以通过增加动脉血中的氧含量（见下述）和最大摄氧量几种方式得到提高。因此，血液载氧能力尤其在耐力性运动中得到改善。

高原反应

在高原上停留，无论进行哪种运动，都会使血红蛋白浓度和红细胞压积增加。高原环境下氧气浓度低，降低了细胞可利用氧气的量。机体通过制造更多的红细胞获得补偿。这样，停留在2000米或更高的海平面高度上，刺激促红细胞生成素合成（EPO），导致红细胞数量增加。促红细胞生成素产生于肾脏并在肝脏中进行加工，调节红骨髓中红细胞的产生。如果血液中的氧气含量偏低（例如，在高原条件下大气压偏低），肾脏将会分泌更多的EPO，使得红骨髓产出更多的红细胞。这样，血红蛋白浓度增加，因此血液中的氧浓度也同样增加（图3-2）。

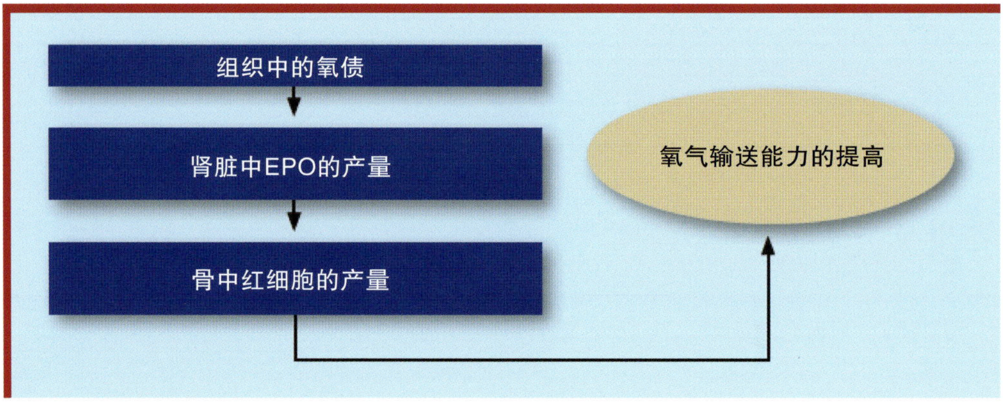

图3-2

促红细胞生成素（EPO）的功能和产生。

起初因与在海平面条件下进行训练的差异，红细胞压积明显增加，但血浆量并不随着红细胞的产生而增多。随后，总红细胞数量和总血液量逐步增加，红细胞压积进一步增加直到人体完全适应高原条件（大约1个月）。当返回平原后，血浆量迅速增加而红细胞压积在2～3天后回到常态（例如，降低45%）。

由于在高原停留所产生的生理反应，高原训练广泛应用于国家和国际水准的耐力项目，无论比赛位于高原还是平原，比赛前都会使用高原训练。通常来讲，运动员会在中等海拔高度（约高于海平面2000米以上）上进行2~4周的训练，可以提高在高海拔耐力项目比赛的运动表现。相比之下，大量的科学研究表明与在平原进行训练相比较，在中等海拔地区停留或进行训练不能提高耐力型运动员的最大摄氧量和运动表现。因此，没有科学依据证明在平原比赛的耐力项目运动员应在高原训练。然而，部分研究显示一些人会对高原训练产生积极的适应。

更为重要的是，由于在高原条件下大气氧浓度偏低，训练量和强度可能低于在平原训练水平。因此，一些运动员采用“高住低训”的策略，他们住在高原上，在中等海拔进行训练（低于1200米海平面之上）。尽管这种策略可以产生一些好处，但在实践过程中却难以控制。为了获得高原训练的竞技收益，世界上几个地方已经建立了所谓的“低压氧舱”（altitude houses）。低压氧舱模拟高原外周环境的大气氧气浓度。运动员住在这样的房子中，只有训练才外出。研究显示，这种方法提升了血红蛋白浓度和运动表现（图3–3）。

低压氧舱的一种变形为“低压氧管舱”（altitude tube），其内氧分压与高原环境相似（2000～4000米）。管舱的直径很小，运动员只能在里面睡觉。因此与住在低压氧舱相比，运动员处于低氧浓度环境中的时间更短。低压氧管舱还可以携带，这样就可以在不同的地方使用，比如训练营。这些都是合乎情理的策略，然而，伦理标准尚存争议。

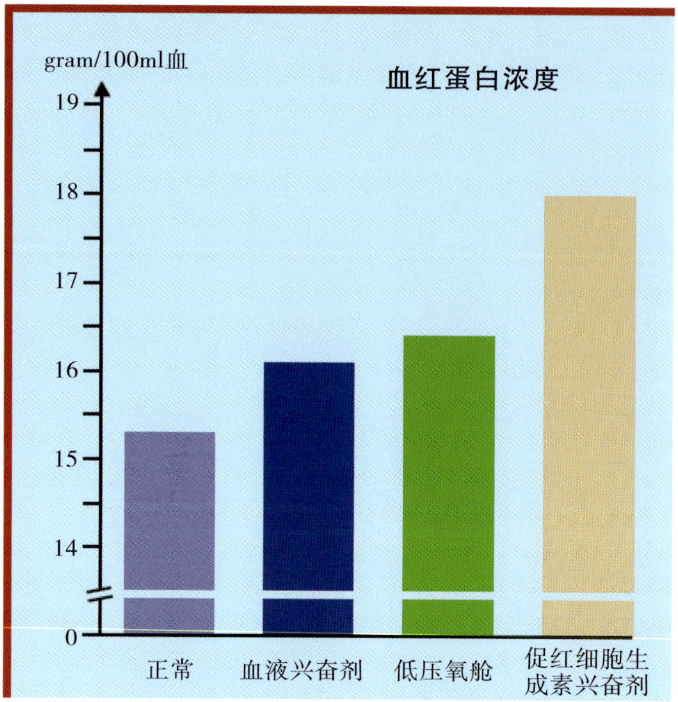

图3-3

血液兴奋剂，居住在低压氧舱中及注入促红细胞生成素对血红蛋白浓度的影响。在低压氧舱中居住14天，模拟约为2500米的海拔高度条件（15.3%大气氧）。

血液与促红细胞生成素（EPO）兴奋剂

增加血液载氧能力的另一种方法是“兴奋剂”，通过摄取和注射违禁物质可以提高运动表现。

血红蛋白浓度可以通过血液兴奋剂提高（参见图3-3）。采集运动员血液并进行离心。提取红细胞并冷藏保存数月，同时待运动员的血量恢复正常。比赛前几天，再将红细胞重新注入运动员。通过此方法可以使血红蛋白浓度上升到16～17克/100毫升（如约50%的血红蛋白）（参见图3-3）。

类似但更有效的办法是通过注入EPO使血红蛋白浓度提升的幅度高于使用血液兴奋剂的办法（参见图3-3）。人工制造的EPO本来用于治疗肾脏EPO分泌不足的患者。这些年来，EPO广泛地非法运用于耐力项目，如公路自行车。通过使用EPO可以使血红蛋白浓度达到18～19克/100毫升（血红蛋白超过50%）。

通过注入EPO提高血红蛋白浓度可提高最大摄氧量（图3-4），以提升耐久力。但这会使血液黏稠度增加，同时因血管阻力增加而增加周身泵血的难度。然而，此种方法对最大心输出量（同样影响最大摄氧量）产生的消极影响，被高浓度的血红蛋白和高达55%的红细胞压积所掩盖。因此，可以帮助耐力项目，如公路自行车和长跑运动员取得更好的运动表现，这很大程度上取决于最大摄氧量。

20世纪90年代，研究人员没能找到检测血液中合成EPO的手段。由于注射EPO会促进运动表现的提升，国际反兴奋剂机构（WADA）对于红细胞压积的上限作出了要求。限制要求的提出降低了运动员由于承受红细胞压积和血液黏稠度升高而导致凝血的风险。WADA提出的限制值，主要基于在不使用EPO兴奋剂的情况下对最高红细胞压积值进行记录得出，但是这个议题引起了很多争议。

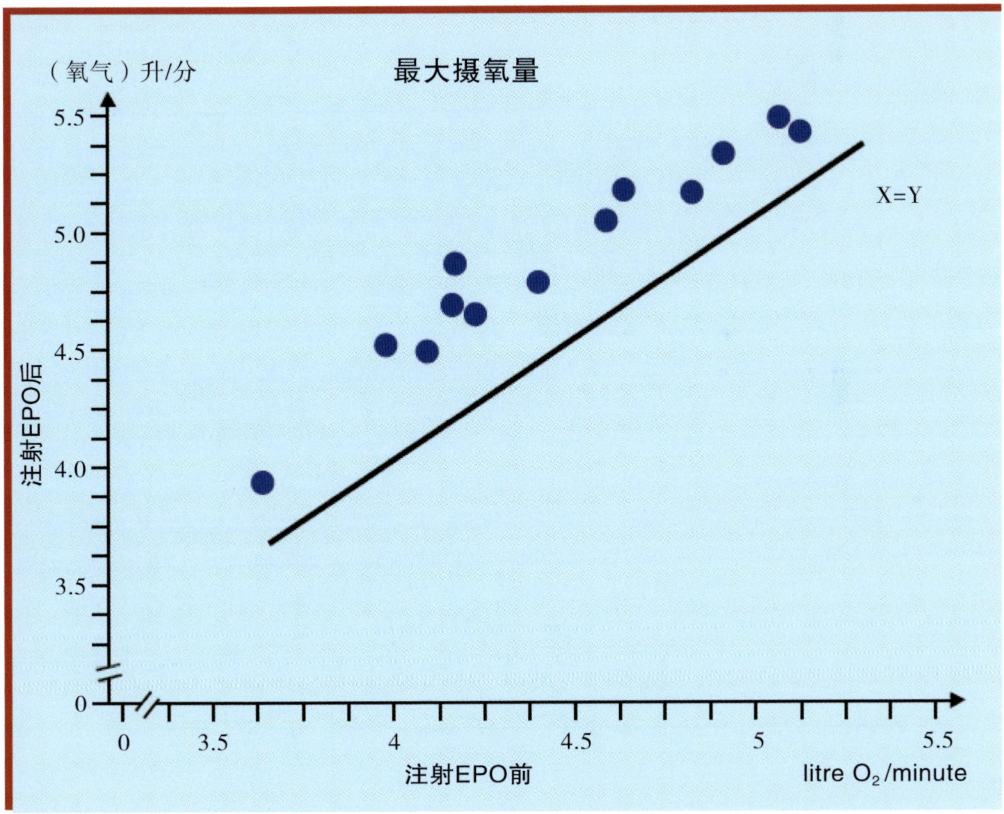

图3-4

使用EPO对最大摄氧量产生的影响。使用EPO前后对运动员最大摄氧量的测定。斜线以上的数值表示EPO摄入后升高了运动员的最大摄氧量。最大摄氧量平均提升10%，可以提高耐力项目5%的运动表现，如长跑。这得益于血红蛋白浓度和红细胞压积的升高。

各个国际体育联合会都设定了相关的限定值，如自行车为50%，越野滑雪为54%。在20世纪90年代前对精英耐力运动员的研究发现（EPO开始被用作兴奋剂物质时）红细胞压积值低于46%。因此国际体育联合会所设定的上限似乎远远高于实际所需。然而，联合会上限设定的理由是，确保红细胞压积正常升高的运动员免于受到使用兴奋剂的错误指控。

运动员血液中的人工EPO只有在真实使用后3～4天才可被检测出。EPO注射通常持续3周。所以，如果只是在主要锦标赛期间检测运动员，他们只需要在比赛前一周停用，依旧可以在训练中使用EPO，提升运动表现能力，且不被察觉。因此，为了减少EPO兴奋剂的使用，现在运动员每年都需要进行检测。

如今，通过血检和尿液分析检测EPO。如果红细胞值或红细胞压积上升被怀疑是兴奋剂作用，就会对尿液样本进行人工EPO分析。

新型兴奋剂途径

人工EPO现在可以得到可靠的检测，但新型的兴奋剂也正在兴起。一些药物的功效与EPO相似，可以增加血液的载氧能力，从而提高耐力能力。达依泊汀（Darbepoietin），（新型红细胞生成刺激蛋白复合物的一种）较EPO效果更强，因此可以低频使用。新型红细胞生成刺激蛋白可以在体内保留3～5周，而EPO在体内只有3～4天的存在周期，并且由于其分子结构与自然的EPO有很大不同，所以更容易对其追踪。尽管达依泊汀于2001年9月投放到药品市场，但2002年盐湖城冬奥会越野滑雪项目的3名奖牌获得者，就被查出使用了新型红细胞生成刺激蛋白兴奋剂。

另一种药物，牛血红蛋白多聚体（Hemopure），是从牛体内提取血红蛋白，其中不包含红细胞，因此不能通过红细胞压积查出。此复合物被开发为本体血液的替代物，因为它可以解决血液储藏问题且可用于任何血型。这种独特的复合物可以在室温条件下以粉末形式与水混合使用，最多可以保存3年。然而，人造血液现在只停留在动物使用阶段，还未被广泛推广。考虑作为兴奋剂的应用，人造血液并不会增加血液的黏稠度，所以避免了由于使用EPO而引起的心脏病及发生凝血的风险。与持续几周的EPO应用相比，人造血液生效迅速，赛前10分钟进行静脉注射即可。然而，长期使用所产生的副作用尚不可知。人造血液仅用于急救目的，持续注入这种外来的蛋白质可能会导致抗体形成和严重的过敏反应。直到这种物质可注册为人类可用的物质，人造血液的确切成分仍是商业机密，因此，研发检测手段尚不可能完成。还是那句话，兴奋剂控制者的步伐总是落后于违禁药物的使用者。

未来对于兴奋剂的打击或许会越发困难。科学家预言，未来5～10年，“基因兴奋剂”可通过修饰基因来实现对肌肉质量或耐力能力的调控。起初，基因兴奋剂用来促进EPO的产生（图3–5）。科学家已经能够简单地复制并可以生产EPO的基因。如果人造基因能够直接植入人体，它们将会像自身原有基因一样运作并直接生产EPO，单次注射可以在几个月或是几年中增加EPO的产生，比传统的人造EPO方法所能取得的几周效应期更长，且能够大大降低被察觉的风险。此外，基因兴奋剂几乎不可能被检测出来，因为机体自身细胞会生产“自然的”EPO。对基因修饰的检查需要组织样本（如肌肉活检），从运动员身上取肌肉活体进行兴奋剂的检测是难以想象的。

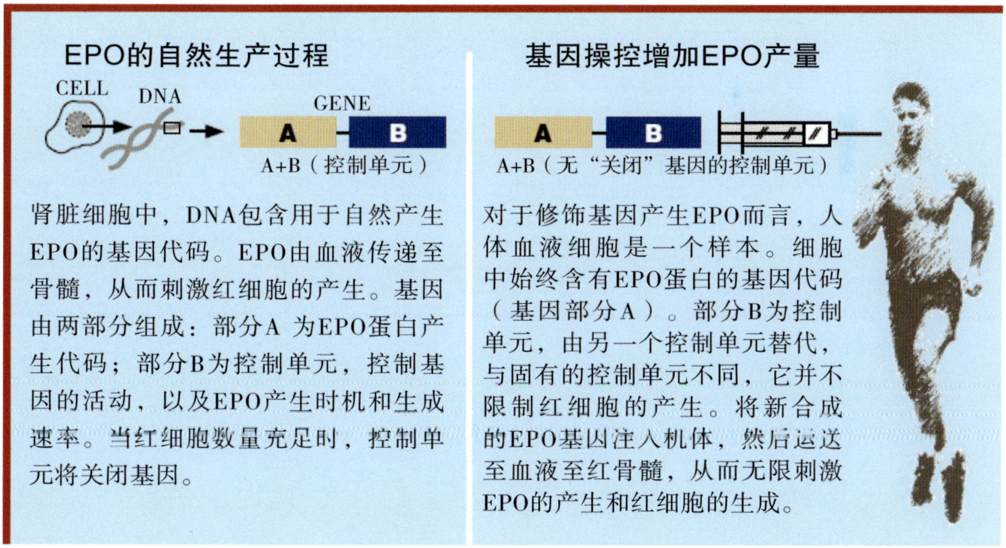

图3–5

兴奋剂基因疗法的滥用。自然EPO合成（左）和“基因兴奋剂”技术增加EPO的产生，从而收获运动表现的提升（右）。

通过基因疗法来增加EPO的产量已经成为可能，尽管科学家还没有确定安全剂量。猴子的红细胞压积在接受单次注射后提高了70%，6个月后红细胞压积仍旧提高。当在许可范围内注射确定量级的促红细胞生成素基因蛋白提高红细胞压积时，基因兴奋剂或许会变为现实。基因修饰同样可能滥用于其他运动项目，如举重项目，可以增加肌肉质量，获得绝对优势。由于这种形式的兴奋剂很难检测，运动员必须接受相关风险的教育。

总结

血液由悬浮在血浆中的红细胞与白细胞两种血细胞组成。红细胞中包含了载氧化合物，即血红蛋白，占细胞总数的99%。红细胞压积是红细胞占总血量的比例，通常为40%～45%。尽管训练并不能增加血液的红细胞压积和血红蛋白浓度，但能够增加总血量，从而增加了血液的载氧能力。血红蛋白含量可以通过在高原地区的停留而得到自然增长。人工提高血红蛋白含量和红细胞压积合法的方法包括，居住在低压氧舱中或睡在环境氧气浓度较低的管舱中。非法的方式是指血液兴奋剂、EPO或其他药物。这些办法都可以增加最大摄氧量。

学习任务

复习题

1. 氧在血液中如何运输？
2. 红细胞压积代表了什么？
3. 成年人的平均血浆和血量是多少？
4. 训练如何对血量与血红蛋白含量产生影响？
5. 什么可以使血液中的血红蛋白含量发生变化？
6. 在高原地区时，血液将发生怎样的变化？
7. 什么是EPO？它是如何发挥功效的？

4. 摄氧量

通常将单位时间内机体对氧的摄取并利用氧量称之为摄氧量（也称为耗氧量）：

摄氧量（升/分）= 每分钟身体所摄取的氧气量（升）

摄氧量可以通过对吸气和呼气成分的分析得以确定，同样可以估算为：

摄氧量（$\dot{V}O_2$升/分）=
心输出量（升/分）× 氧摄取［升（氧气）/升（血液）］

这种关系称之为菲克定律（Fick Principle）。摄氧量可以通过心输出量以及输送至组织的血液的含氧量（如动脉血）和从组织返回血液（如静脉血）的含氧量之间的差值来计算。这个数据称之为动–静脉血含氧差（A–$\dot{V}O_2$差）或氧摄取，是指组织利用每升血液中的氧气量。即使在剧烈运动中，机体细胞也不是摄取所有动脉血中的氧分，一些氧分仍留在静脉血中。动脉血中的氧含量在各种运动中保持相对恒定。然而，受过良好训练的运动员在最大运动负荷下动脉氧含量可能会下降。静脉内氧含量随肌肉中氧的消耗而变化：做功强度越高，静脉血氧含量越低，而氧摄取量越大。

静息状态下，摄氧量大约为0.25升/分，心输出量为5升/分，氧摄取量为0.05升（氧）/升（血）。运动过程中，摄氧量随做功强度的增加而增长（图4–1）。由于摄氧量的升高导致心输出量与氧摄取量同时增加。

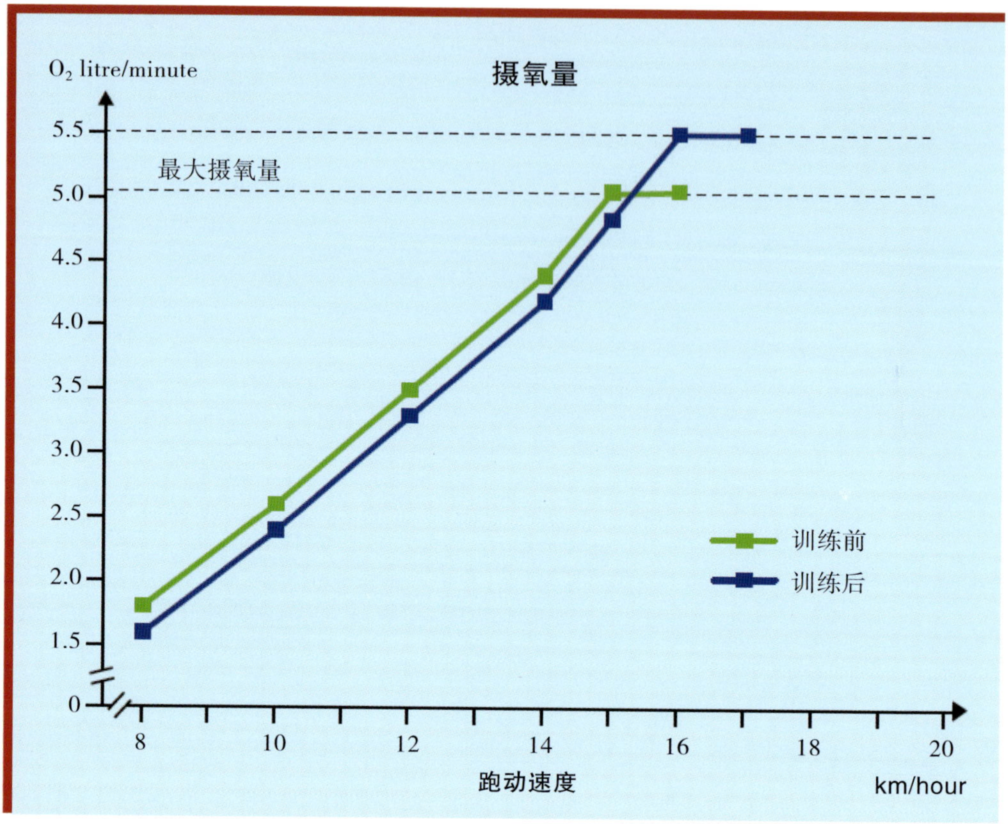

图4-1

一段时间有氧训练前后摄氧量与跑动速度间的关系变化。一个中等训练水平的运动员在接受一段时间有氧训练前（绿线）、后（蓝线）在跑台上完成的测试。训练周期结束后，最大摄氧量值出现在最大跑动速度上（水平虚线）。

最大有氧功率

最大有氧功率是指单位时间内身体最大限度利用氧的能力；也就是每分钟最大摄取氧的量，缩写为$\dot{V}O_2$-max。健康人的最大摄氧量通常在2～6升/分范围浮动，但某些运动员的最大摄氧量可见超过7升/分。最大摄氧量取决于性别、年龄、训练水平、身高和体重。在其他变量都相差不大的前提下，个子高的人较个子矮的人最大摄氧量更大。因此最大摄氧量通常以每千克身体重量来表示，也就是每千克身体重量每分钟摄取的毫升氧量［O_2mL /（min · kg）］。理论上来说，最大摄氧量应该表示为$O_2mL/(min \cdot kg^{-2/3})$以在不同个体间对最大摄氧能力进行比较。一些体育科学家和教练员将此称为体能水平。图4-2显示，一些研究者建议将最大摄氧量和体重间的关系表示为$O_2mL/(min \cdot kg^{-0.73})$。

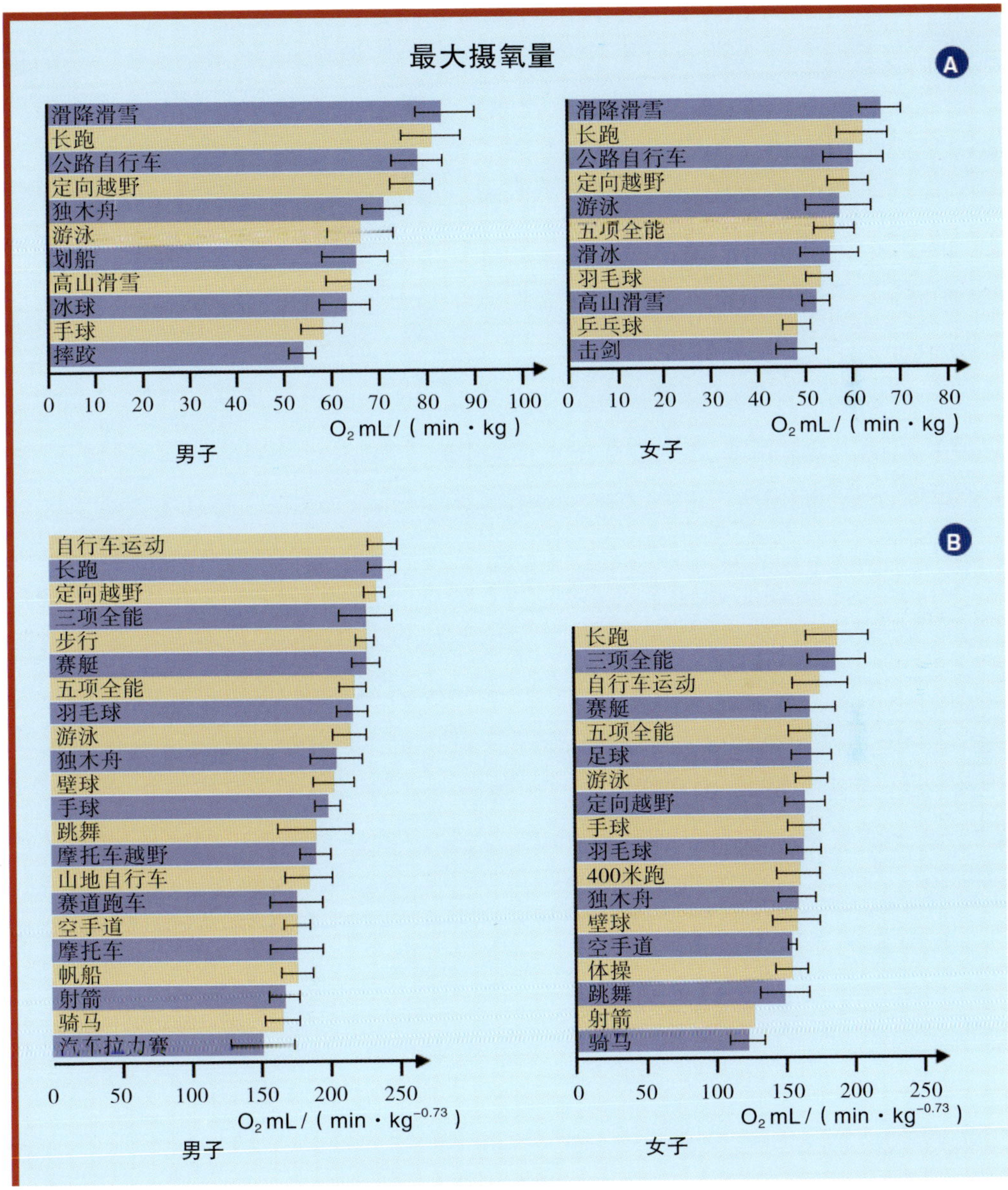

图4-2

不同运动项目中男子和女子运动员的最大摄氧量。（A）相对平均最大摄氧量$O_2mL/(min \cdot kg)$体重。（B）平均最大摄氧量，绝对最大平均摄氧量$O_2mL/(min \cdot kg^{-0.73})$。位于每个条块儿末端的细线表示个体的变化范围。

单位体重的最大摄氧量表示个体移动自身重量的能力，与负重类项目相关。例如，每千克最大摄氧量是评定中、长跑运动员能力的有效指标。在非负重运动如赛艇，其竞技能力与每分钟最大摄氧量更为相关，因为船与水之间的摩擦力是首要克服的阻力，划手的体重对此影响甚微。因此，很多优秀的划手身高很高。在公路自行车项目中，风成为主要的阻力，阻力只在一定程度上受骑手身材的影响。因此，高大的自行车运动员，拥有更高的最大摄氧量（氧升/分），通常能在计时比赛中取得好名次。相反，山地自行车骑手必须承担自身的体重（及车的重量）。因而，每千克体重的最大摄氧量能够反映出山地自行车运动员的运动能力，山地自行车运动员的身材通常小而轻。分段赛的获胜者，如环法比赛必须同时擅长公路和山地两种条件下的骑行，因此这些运动员的体型通常高而瘦。

一般来说，女子的最大摄氧量比男子低25%，因为通常女子比男子的脂肪百分比更高，总体的肌肉质量更少，心脏更小，血液量和血红蛋白含量更少。社会因素，如青春期后女子较男子的生活状态更为静止，这也可能导致了此种区别的产生。

由于生活状态更趋于静止和生理年龄增长的共同影响，最大摄氧量随年龄的增长而降低。生理年龄增长导致最大心率减退，是降低最大心输出量的一个影响因素。孩子和一般积极运动的人的平均最大摄氧量为40～50毫升/（分·公斤）。不积极参与活动的人群从25~30岁，最大摄氧量将逐年下降1%。训练可增加最大摄氧量，活跃的年长者明显比不活跃的青年拥有更高的最大摄氧量。这样，训练可以延缓随年龄增长而必然出现的最大摄氧量的衰退。

心脏的泵血能力影响供给肌肉收缩的血液中的氧含量，从而限制最大摄氧量。研究显示，经受良好训练的肌肉的摄氧量可达到0.33升/（分·公斤）。因此，如果心血管系统能同时供给所有主动收缩的肌肉，以满足它们对最大摄氧的使用需求，那么在全身性运动中最大摄氧量将达到约10升/分。例如，一个体重90公斤的赛艇运动员，30千克的主动收缩肌肉最大摄氧量将达到115毫升/（分·公斤），这高于测试的最大值。由于参与完成跑步或自行车骑行的肌群体积大，因此有可能获得最大摄氧量。这样，在已经剧烈运动的过程中动员更多的肌群（如手臂运动）并不会引起摄氧量进一步增加（图4–3）。

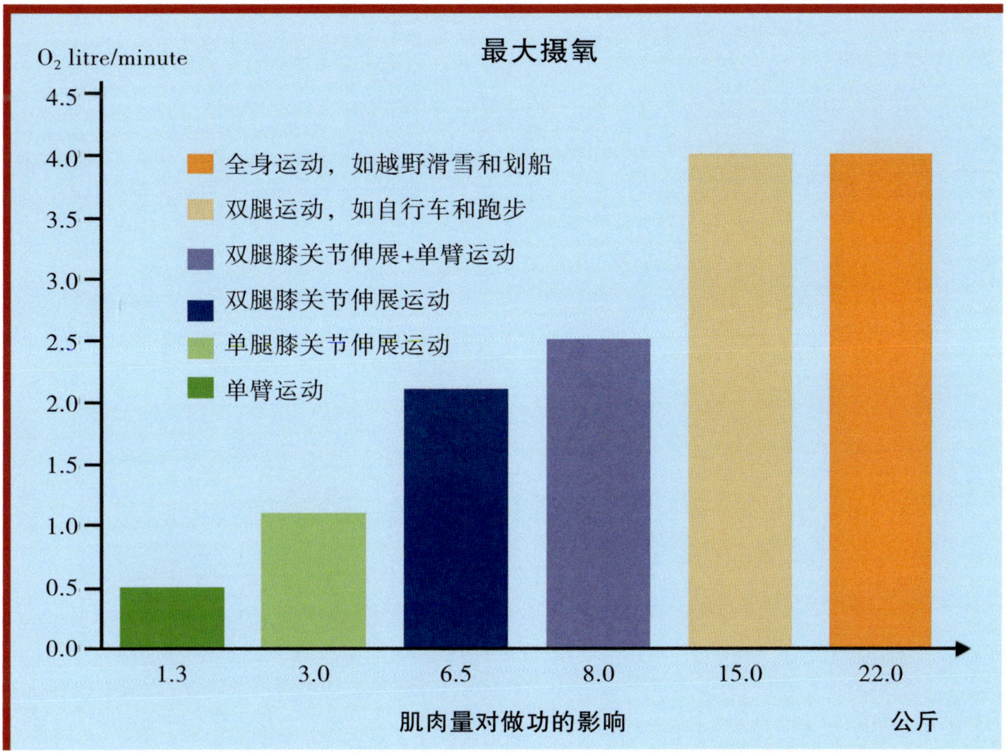

图4-3

不同肌群参与不同类型的运动过程中所得到的最高摄氧量。受试者高强度运动（分钟）直至耗竭。明显的是，需要激活一定量的肌肉以达到最大摄氧量，但达到最大摄氧量并不需要所有肌肉都运动。

如果肌肉量大到能显著影响心脏的参与，那么训练为最有效提升最大摄氧量的手段。双下肢练习通常最低（参见图4-3），训练强度应高于60%最大摄氧量。如果强度足够，显然自行车骑行和跑步可对心血管系统进行改善。相反，如果运动只运用了少量的肌肉，做功只需要一定的摄氧量，那么心脏只能得到中等强度的训练。

心率与摄氧量的关系

心率和摄氧量的增加与运动强度呈比例变化。因此，心率能够表达相应的运动强度，通常以实际摄氧量与最大摄氧量间的比率来表示，通常表述为百分比（表4-1）。相对做功强度可以计算为：

相对做功强度（%）=［（工作心率－静息心率）/（最大心率－静息心率）］×100

公式中：工作心率是运动过程中的心率；静息心率是运动后安静至少10分钟状态下的心率；最大心率是持续2分钟以上力竭性运动后的心率。举例来说，如果工作心率为150次/分，静息心率为50次/分，最大心率是200次/分，相对做功强度（%）是［（150–50）/（200–50）］×100=66.7%。

表4-1　最大心率百分比与最大摄氧量百分比之间的强度对应关系

最大心率%	最大摄氧量%
50	28
60	40
70	58
80	70
90	83
100	100

最大摄氧量的测定

测定最大摄氧量的一个简单方法是在功率自行车测试中完成，先以4分钟的低强度运动开始（热身），然后逐渐（每分钟）增加运动强度直到力竭（图4-4）。操作过程中，测试者不必运动至力竭状态，因为摄氧量平台在力竭前就已经出现，因此，力竭前已能达到最大摄氧量。测试应该在4～10分钟之内完成。

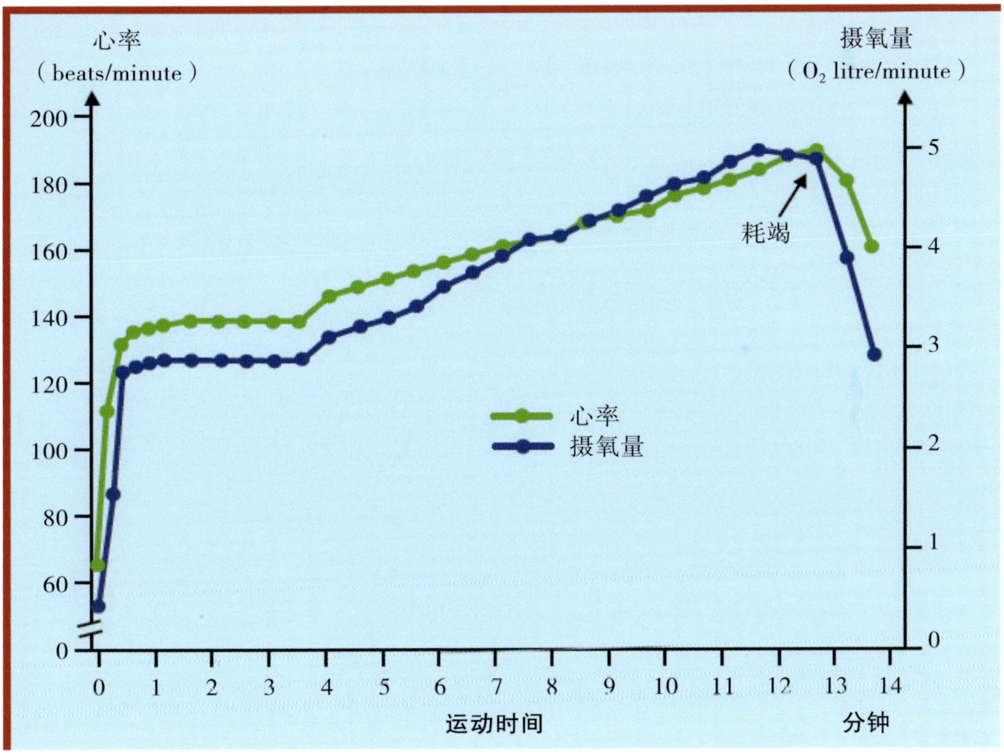

图4-4

在最大摄氧量测试过程中摄氧量（蓝线）和心率（绿线）变化。受试者先进行功率自行车测试，输出为200W 4分钟。然后运动强度每分钟增加35W直到受试者疲劳。

如果在跑步机上完成最大摄氧量的测定，开始可以通过提高跑台速度来增加负荷，之后更改坡度。研究显示，为在测试结束后得到真实的最大摄氧量，坡度至少应达到3°。这可能是由于坡度跑时会有更多的腿部肌肉参与，同时对某些人来说从技术上难以实现高速跑动。

过去，通常将呼出的气体收集在一个大塑料包（道格拉斯包，Douglas）里，之后测定气体量和其中的氧气和二氧化碳含量。在递增负荷测试的后期在多个时间点用袋子收集受试者呼出的气体。鼻夹防止用鼻呼气。通过呼吸面罩控制受试者从空气中吸气并将气体呼出收集在袋子里，在实验开始前需将袋子内的气体排净。需在标准大气压下（0℃；1大气压力；0%湿度）对袋中空气进行计量，以能够比对不同大气压下完成的测试结果。计算样本中二氧化碳和氧气比重（%）。已知吸入空气（F_IO_2）中氧气比重为20.94%，摄氧量（$\dot{V}O_2$）为吸入气体和呼出气体中氧气总量的差值。

$$\dot{V}O_2=(\dot{V}_I \times F_IO_2)-(\dot{V}_E \times F_EO_2)$$

公式中：$\dot{V}_I$是吸入气体的量；F_IO_2是吸入空气中氧气比重；$\dot{V}_E$是呼出气体；F_EO_2是呼出气体中氧气比重。F_IO_2已知，$\dot{V}_E$和F_EO_2在气袋中计量。可推测$\dot{V}_I=\dot{V}_E$。或者$\dot{V}_I$可通过以下公式计算：

$$\dot{V}_I=(1-F_EO_2-F_ECO_2)\times \dot{V}_E/(1-F_IO_2-F_ICO_2)$$

F_ICO_2是吸入气体中的二氧化碳比重（0.03%），F_ECO_2是呼出气体中计量出的二氧化碳比重。

很多精密的现代装备可以通过对受试者戴呼吸面罩呼出的气体进行分析和计算摄氧量（参见图片）。气体会进入在线分析仪，之后立即对通气率和摄氧量进行计算。这样，测试者可以轻松地监控测试中的呼吸参数。然而，现在这种昂贵的设备主要应用于科学研究和对精英运动员进行测试。

一些科学家或教练员想在运动员训练过程中，如在田径跑道跑和自行车运动过程中测定摄氧量，以此确定运动的效率。这种情况下，可以使用道格拉斯

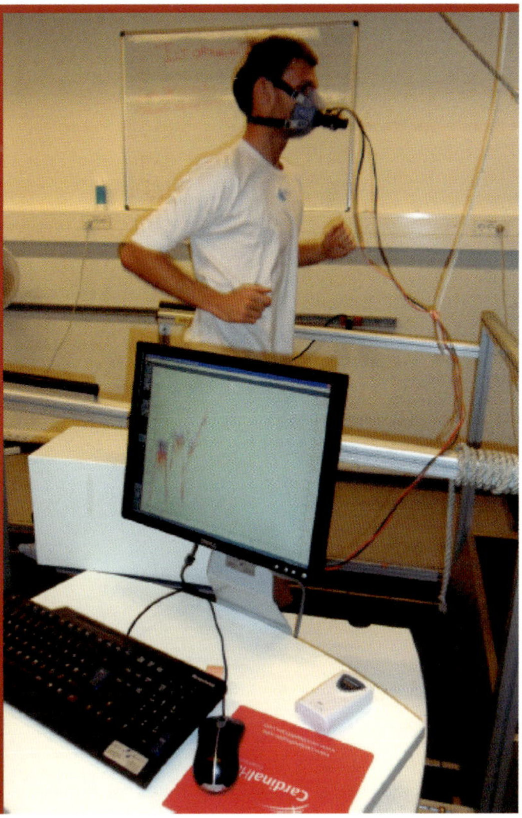

图片展示了跑步者最大通气率与摄氧量的测试。测试者在跑台上逐渐递增强度直至力竭点，通气率将随逐次呼吸进行分析

包，但是背在后背的大塑料包会影响运动员的正常运动。或者使用一种叫K4的仪器，这个系统由一个重量约为800克的小盒子构成，放置于腹部。盒子与位于鼻子处的小面罩连接。K4仪器实时对摄氧量进行测定且储存数据供以后分析。这种方法既可相对准确地计量，且无过度限制运动员的动作。但这种器材价格昂贵，主要用于研究。

运动员比赛和训练的运动模式相同时可以测定到最大摄氧量，这是由于研究显示在通常的运动形式下测定出的数据具备最高价值。因此，自行车运动员必须在自行车功率计上进行测试，跑步运动员在跑台上完成测试，而赛艇运动员需要在划船功率仪上测试。最大摄氧量的间接测试方法包括YO-YO 耐力测试、库珀跑测试和运用亚极量在功率自行车上进行心率的两点测试来计量，测试只能粗略估算最大摄氧量。

训练对最大摄氧量的影响

训练可以显著影响最大摄氧量。未经过训练的人，若以其初始最大摄氧量60%～70%的运动强度，每周训练3次，每次30分钟，训练3～4个月后，最大摄氧量通常会提高15%～20%。然而，个体的反应各不相同。一般来说，初始最大摄氧量越低，提高幅度越大。对于那些最大摄氧量起初就高的人来说，训练3～6个月后最大摄氧量的增长只有3%。经过多年系统的密集有氧训练后，一些女子运动员的最大摄氧量可达到60 毫升/（分·公斤）以上，一些男子运动员最大摄氧量可达到70毫升/（分·公斤）以上。然而基因因素决定了潜在提高的上限，少数人的最大摄氧量可到达80毫升 /（分·公斤）。在进行一段时间中等强度的基础训练之后，需要通过高强度间歇训练实现进一步的提高。不出所料，耐力项目运动员由于参与运动的肌群多，因而拥有更高的最大摄氧量值（参见图4-2）。男子中长跑运动员记录的最大摄氧量可高达96毫升/（分·公斤），女子越野滑雪运动员最大摄氧量可达79毫升/（分·公斤）。

总结

运动中摄氧量的增长与运动强度相关，直至达到最大摄氧量（$\dot{V}O_2$-max）。对于大多数人而言，最大摄氧量由收缩肌群中的最大氧气量决定。在大多数情况下，最高值可以通过双下肢参与的运动项目中获得。最大摄氧量通过有氧训练得以提高，受过良好训练的运动员的最大摄氧量，通常是未训练的普通人的两倍。

学习任务

复习题

1. 如何计算摄氧量？
2. 男子和女子的平均最大摄氧量？能够达到的最高值？
3. 运动中需要多少肌肉参与才可达到最大摄氧量？
4. 测定最大摄氧量采用怎样的测量方法？如何计算最大摄氧量？
5. 训练对最大摄氧量产生怎样的影响？

计算题

一个人以平均150W的负荷进行5分钟的功率自行车骑行。利用道格拉斯包对呼出的空气进行70秒的采集。空气分析显示：

气体量：70升

二氧化碳比重：4.45%

氧比重：17.23%

计算

1. 通气率
2. 摄氧量

5. 肌肉

人体有大量的肌肉附着于骨骼上，每块肌肉中都含有众多的肌纤维（肌细胞）。骨骼肌组织会根据其运动训练发生变化。举例来说，高强度负重训练可以使肌肉体积增长2～3倍，制动两周后，体积可缩减20%。尽管肌纤维可分裂并产生新的纤维，但肌肉的体积增大是由于个体纤维的肥大。随着年龄的增长，肌纤维逐渐流失，可能不再形成新的肌纤维。

单个肌纤维可以通过其结构（形态学的）和生物化学特点来进行分类，其特点有显著差异。肌纤维主要有两种分类，慢肌纤维（慢缩肌纤维，ST）和快肌纤维（快缩肌纤维，FT），FT纤维进一步细分为两种类型，即FTa和FTx。因此，通常讨论的有三种肌纤维，即ST、FTa和FTx。小部分肌纤维可能具备不止一种肌纤维类型的特征，有可能是介于中间类型的肌纤维或从一种肌纤维类型转化为另一种类型。最初，是通过对不同动物的肌肉检测来完成肌纤维的研究。而对人体肌肉的系统分析仅仅是从50年前才开始的，即重新引入肌肉活检针技术。最近的研究显示，FTb纤维类型在老鼠和一些其他小型哺乳动物体内发现，而却不存在于人体和其他大型哺乳动物体内。然而，这些肌纤维中有些结构特征与FTx纤维相同，它们的收缩性和代谢（能量产出）特征介于FTa和FTx纤维之间。因而，在此我们把人体收缩速率最快的肌肉纤维类型称为FTx纤维，这也是生理学分类中研究人员对肌肉所使用的术语（表5-1）。

表5-1　3种主要肌纤维类型的特征

	纤维类型		
	ST	FTa	FTx
肌凝蛋白ATP酶活性	低	高	非常高
收缩速度	低	高	非常高
发力比率	低	高	最高
毛细血管密度	高	中	低
线粒体含量	高	中	低
肌红蛋白	高	中	低
氧化酶含量	高	中	低
耐受能力	高	中	低

（续表）

	纤维类型		
	ST	FTa	FTx
磷酸肌酸含量	中	高	高
糖原含量	中	高	高
脂肪含量	高	中	低
无氧酶含量	低/中	中	高
无氧做功能力	低	高	最高

肌纤维的特征

慢肌纤维被称为Ⅰ型肌纤维、红肌纤维或是慢缩肌纤维（ST肌纤维），因为当它收缩时，其张力变化相对缓慢（参见表5-1）。然而，这些ST纤维可以维持较长时间的工作。两个因素可以解释其这些特征，纤维周围被毛细血管围绕且拥有大量的线粒体。线粒体是肌纤维的“能量库”，在此完成有氧供能。ST纤维中同样包含了很多蛋白质，与血红蛋白相似的肌红蛋白。肌红蛋白可以与氧结合，因此可以作为肌纤维中额外的氧仓库。ST纤维周围的庞大毛细血管网为其提供充足的氧。大量的肌红蛋白使得ST纤维呈现红色。此外，ST纤维中含有大量有氧呼吸所需的酶（如氧化酶），这是其主要的产能形式。因此，有氧呼吸使这些纤维拥有很高的做功能力。

快肌纤维还被称为Ⅱ型肌纤维，白肌纤维或快缩肌纤维（FT纤维），因为其在收缩时张力迅速变化，对许多项目运动表现起关键作用。FT纤维又分为FTa和FTx两种纤维。ST纤维与FTx纤维特点之间有很大不同，而FTa纤维处于中间形式（参见表5-1）。FTx纤维的耐力能力有限，由于其所含的毛细血管和线粒体数量少，肌红蛋白含量低且氧化酶活性不高。但它可以迅速产生能量，且因其含有大量的磷酸肌酸、糖原和糖酵解酶，所以具备显著的无氧供能能力。FTa纤维几乎可以像FTx纤维一样迅速产生张力，拥有相似的收缩速度，且具备较强的耐力能力。

尽管ST肌纤维普遍小于FT肌纤维，但肌肉的横断面内的肌纤维和不同肌肉横断面内的纤维存在明显差异。其他因素，肌肉横断面面积同样取决于对肌纤维进行何种训练。

ST和FT肌纤维包含不同的种类和数量的酶，肌凝蛋白、ATP酶，由其分解ATP释放能量。因此肌凝蛋白-ATP酶的含量可用来评定肌纤维的收缩速度。由于，FT肌纤维含有大量的酶，其也就具有更快的收缩速度，而ST肌纤维内由于肌凝蛋白-ATP酶的含量较低造成其收缩速度更慢。

肌肉中肌纤维类型的分布

3种主要肌纤维类型在肌肉中的分配比重称为肌纤维类型的分布。肌肉中的肌纤维类型分布，可以通过特殊的针头所做的肌肉活检（样本）检测得出，利用专门的着色技术对一小块肌肉组织进行化学分析（图5-1）。不同肌肉的肌纤维分布是不同的，但同一块肌肉的不同位置中的肌纤维分布也存在差别。此外，特定肌肉中肌纤维类型的分布也会在不同个体中呈现差异。

肌肉活检能够非常准确地测定肌纤维类型的分布。然而，由于样本中肌纤维分布可能并不能代表整块肌肉，因此在解读结果的时候需要谨慎。因此，一个人在某些项目中的运动表现并不能只通过单一肌肉活检得到的肌纤维类型分布情况而进行预测。

尽管有些差异，但在未受训的人员中，大多数肌肉中的ST和FT肌纤维的分布是相似的。举例来说，小腿浅层肌肉（比目鱼肌）几乎全部由ST肌纤维构成，手臂的伸肌（肱三头肌）中主要由FT肌纤维组成。同样，肌纤维的分布会随着时间发生改变，如50岁后会流失一些FT肌纤维，特别是FTx肌纤维，造成肌肉体积减小和ST肌纤维比重增加。理论上来讲，FT肌纤维退化引起肌肉在收缩速度和爆发力能力方面的减弱明显于其对耐力能力的影响。男性和女性肌纤维类型的分布大体相似，尽管女性普遍比男性运动少，然而女性FTx肌纤维的含量更高。10岁以下的孩子FTx肌纤维百分比较成年人更高。

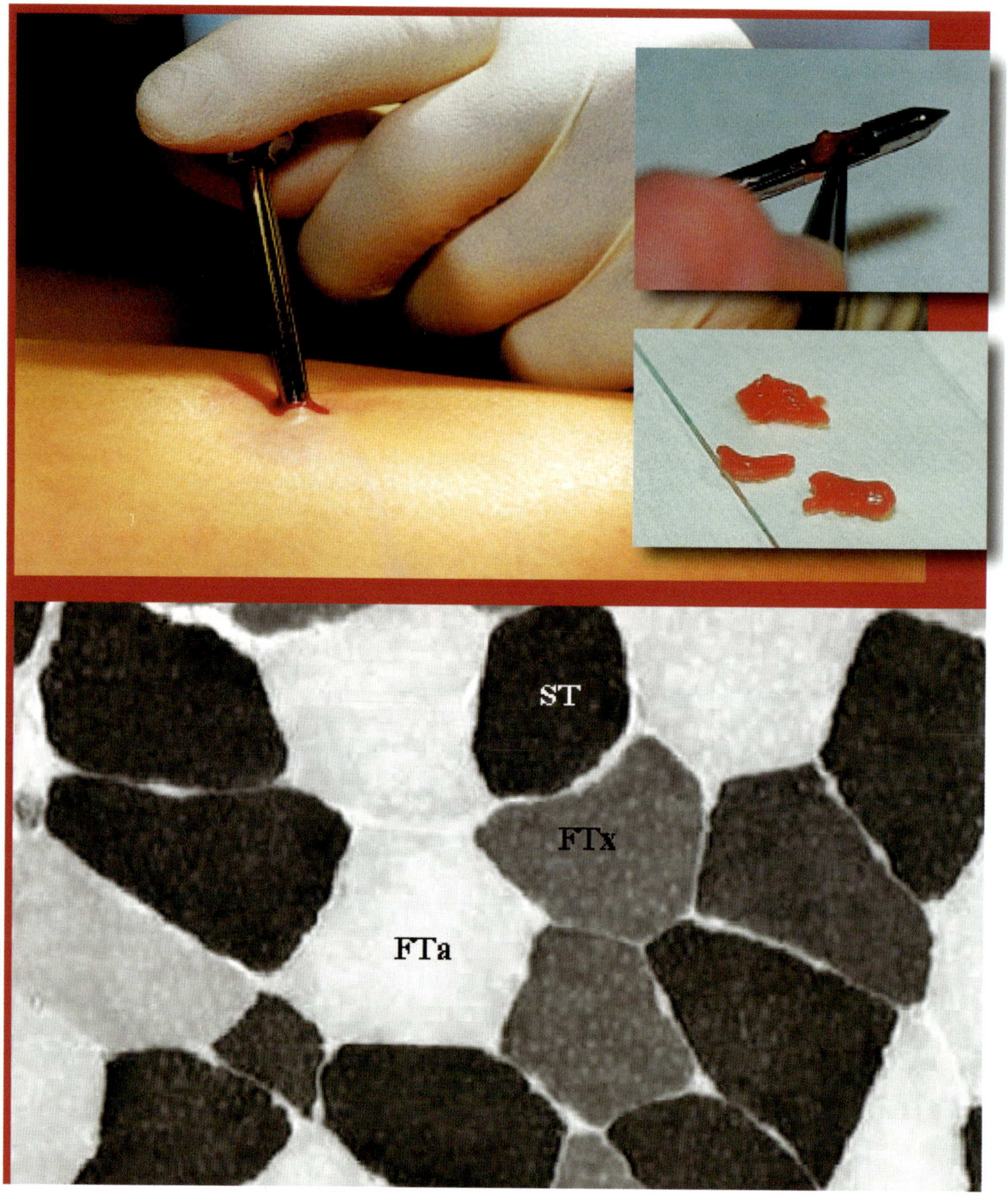

图5-1

肌肉活检技术。用针头取出一小片肌肉组织（上图左侧），用来测定肌肉纤维类型的分布，标本（活检）经过一系列的酸和碱处理（上图右侧）在肌纤维类型中创造出不同的酸碱度。加入染色剂（染色）之后并放置在玻璃片上准备在显微镜下测试。在染色的样本中（下图），ST肌纤维呈现黑色，FTa为白色，FTx肌纤维为灰色。

参与需要发展良好爆发力的运动项目时，运动员肌肉中ST肌纤维的比重相对低于FT肌纤维，而在耐力项目中运动员肌肉中ST肌纤维明显占主导地位（图5-2）。举例来说，马拉松运动员腿部肌肉中ST肌纤维占有很大百分比，几乎没有FTx肌纤维。相反，因为短跑选手需要快速产生最大爆发力，因此需要大量能量，毋庸置疑，他们腿部肌肉中FT肌纤维比重高。研究显示，世界级的马拉松运动员小腿肌肉中（腓肠肌）的ST肌纤维含量高达93%～99%，而高水平短跑运动员在同一块肌肉中只有25%的ST肌纤维。不过，并不能仅通过肌纤维类型的分布对长跑和短跑运动员来选材，其他因素，如心血管系统功能，肌肉体积和特定运动形式中肌肉的协调能力，对于那些需要优秀的耐力或爆发力的运动项目有显著影响。

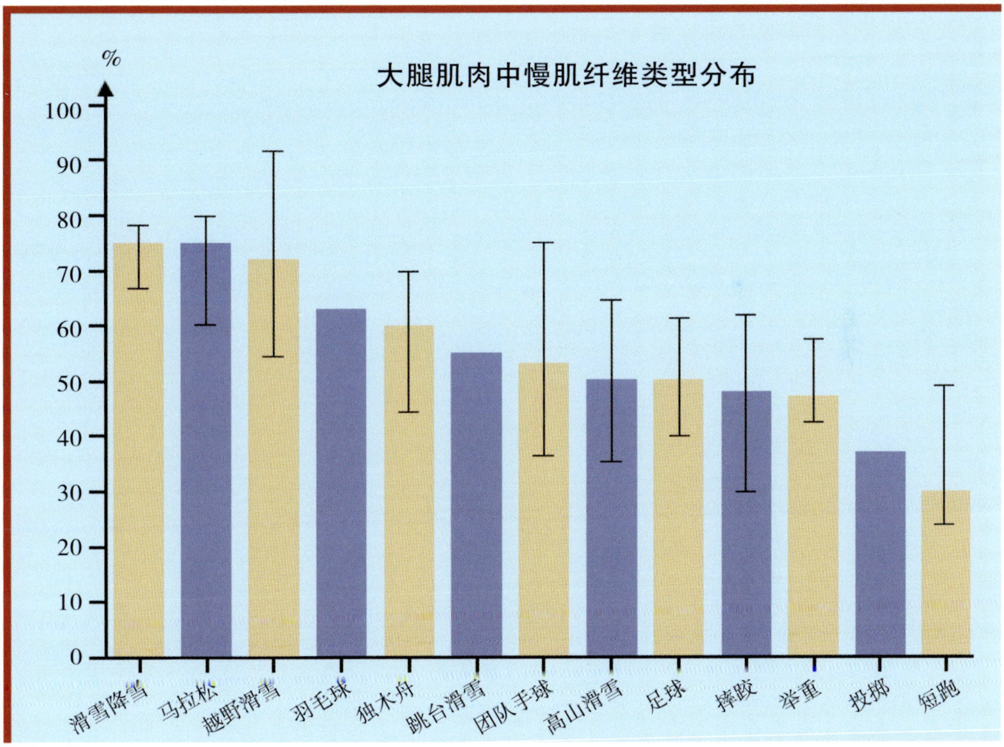

图5-2

不同运动项目男子运动员大腿肌肉（股外侧肌）中ST肌纤维的平均分配比重。数值由一系列的研究结果汇总得来。各项目运动员间的差异由垂直的立柱来表示。

训练对肌纤维类型分布和肌肉做功能力的影响

关于排名高的运动员的肌纤维类型分布特点是由先天决定还是训练所得的问题，已经在研究者间探讨多年。动物研究显示，肌纤维若经过一定时间电刺激后可由一种类型肌纤维转变为另一种类型肌纤维。而人体研究的结果并不能明确，训练是否可引起ST和FT肌纤维间的变化；然而，由于测量中存在的不确定性，训练是否能使ST纤维向FT纤维转换（反之亦然）还没有得到公认。另一方面，有氧训练使FTx纤维向FTa肌纤维转变的结论明确。此外，有氧训练可提高ST肌纤维和FT肌纤维的耐力。因此，尽管FT肌纤维不会转换为ST肌纤维，但较未受训练的慢肌纤维，其显著拥有更好的耐力能力（图5–3）。因

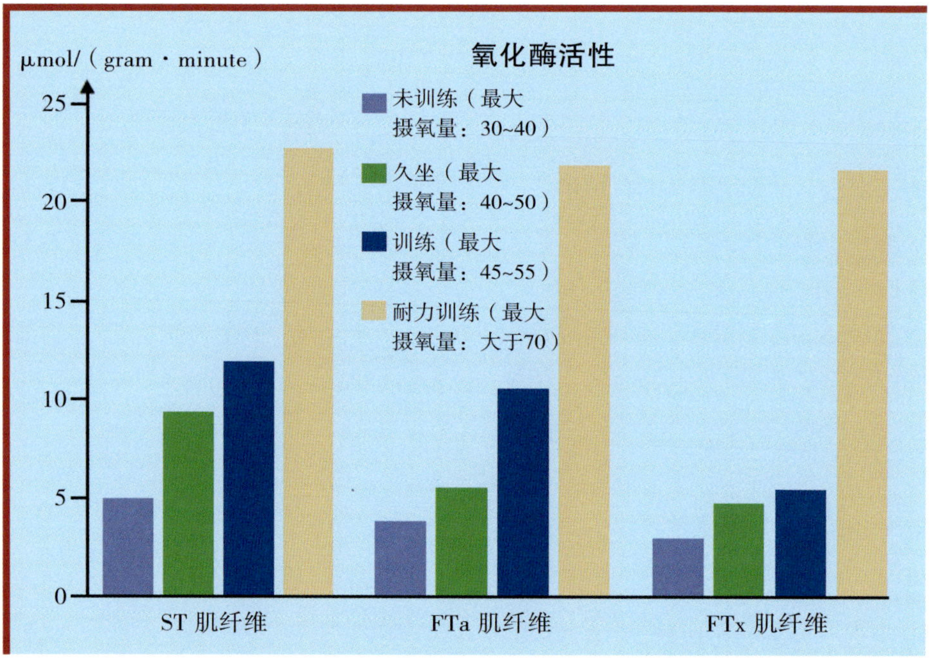

图5–3

训练对肌纤维中氧化酶活性的影响。图展示了久坐个体（紫柱）、经过几个月有氧训练前（绿柱）后（蓝柱）的个体，以及高水平耐力训练个体（黄柱），小腿肌肉中3种类型肌纤维内的氧化酶、琥珀酸盐脱氢酶的活性（SDH）。注意：（1）高水平耐力训练个体3种肌纤维类型中氧化酶活性基本相同；（2）这些个体FT肌纤维中氧化酶活性远高于未经训练和接受中等强度训练水平人群的ST肌纤维中氧化酶活性。

此，拥有高FT肌纤维含量，且有受训练经历的人较拥有高ST肌纤维含量但未经训练的人具备更强的耐力能力。

现代生理研究利用更为精密的技术来研究与肌纤维类型相关的肌肉蛋白。这种技术能够更好地展现不同训练对肌肉类型分布所产生的影响。凝胶色层分析过程用来测定不同肌纤维中不同形式的收缩蛋白和肌凝蛋白。

肌肉纤维中的肌凝蛋白形式由纤维类型所决定。运用这种方法至少可以区分出5种不同的肌纤维类型（图5-4）。此方法可以检测出单根纤维中蛋白质含量的更细小的差别和改变，较传统方法而言，可以更早（提前几周）检测到由训练而引起的肌纤维类型比重变化。

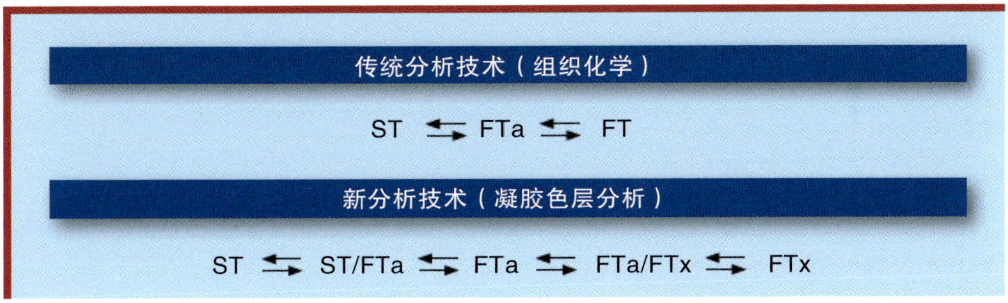

图5-4

肌肉纤维分析技术对比。传统（组织化学）分析技术可以清晰地对3种肌纤维类型进行区分。利用凝胶色层分析可以对单个肌纤维进行检测，至少能对5种不同类型的肌纤维进行准确检测。箭头表示肌纤维类型间的转换能力。

一个新的方法是利用分子生物学来快速地评估组织对训练作出的反应。通过活检分析少量肌肉样本中不同类型蛋白的前体物质。这些蛋白质前体物质称为信使核糖核酸（m-RNA）。细胞中生成新蛋白质主要有两个步骤。首先，蛋白质中特定组成物质的DNA编码转录为RNA（转录）。然后信使核糖核酸翻译成蛋白质（翻译）。因此，转录的信使核糖核酸的类型和数量将决定蛋白质的种类和合成数量（图5-5）。

由分子技术检测信使核糖核酸的浓度，可以表明肌纤维的发展方向。例如，如果FTx纤维中发现FTa 肌凝蛋白的RNA前体物质浓度很高，则说明训练促进了FTx纤维向FTa纤维的转变。利用这个方法，一堂训练对肌肉所产生的影响可在一天内完成预估（图5-6）。这样，就可以评估特殊类型的训练是否可以取得预期效果，以及不同运动项目通过何种最佳训练形式可在短时间内取

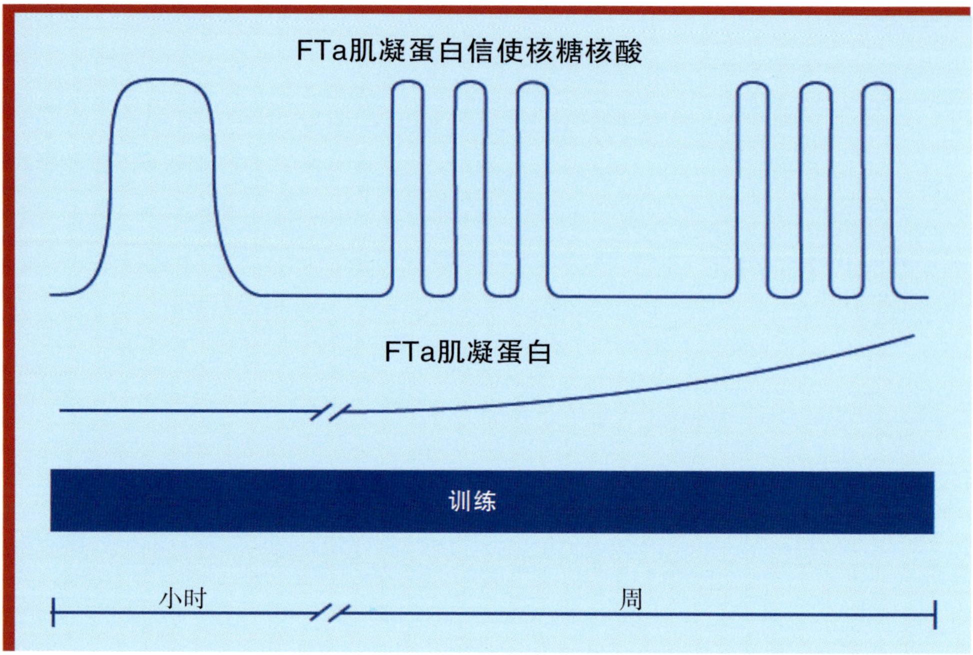

图5-5

在一个训练周期中，FTa肌肉纤维中肌凝蛋白和信使核糖核酸前体物质的含量变化。测定肌凝蛋白（下方的线）较信使核糖核酸（上方的线）测定能更迅速（小时对周）地评估出训练所产生的反应。

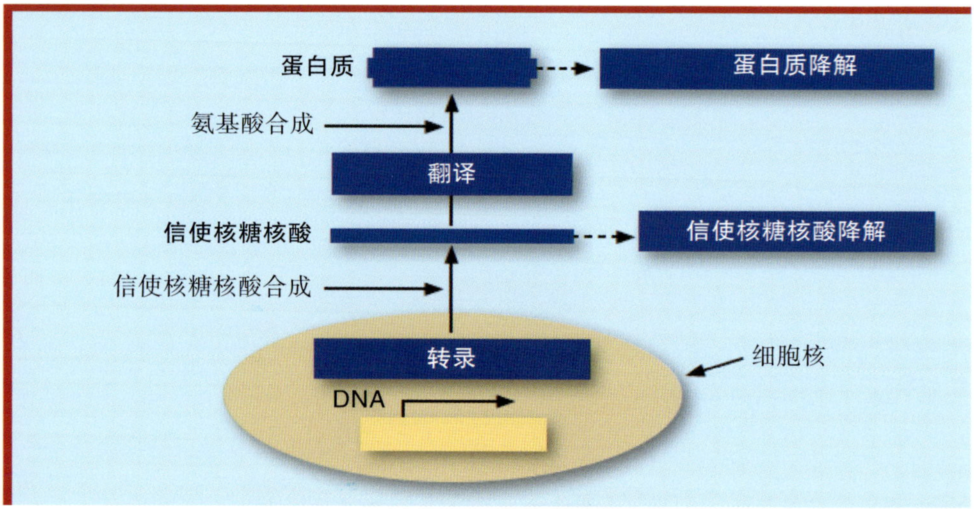

图5-6

细胞内蛋白质产生的过程。首先DNA内的基因密码通过转录过程传递至信使核糖核酸（m-RNA）。然后，信使核糖核酸被翻译为特定的氨基酸序列，结合在一起组成蛋白质（翻译）。

得成效。

肌纤维中不同蛋白质的合成及含量取决于蛋白质合成与降解间的平衡。训练引起蛋白质成分的改变主要是由于蛋白质合成的改变发生了变化。每次训练后，为合成特定蛋白质基因转录至信使核糖核酸的比例增加（图5–7）。因此，转录过程和信使核糖核酸水平发生的情况可以通过在运动过程中采集活体肌肉样本并分离出细胞核*得以知晓。如果经常重复训练，特定蛋白质的信使核糖核酸将会累积，并导致受训的肌肉产生适应性的改变（参见图5–7）。

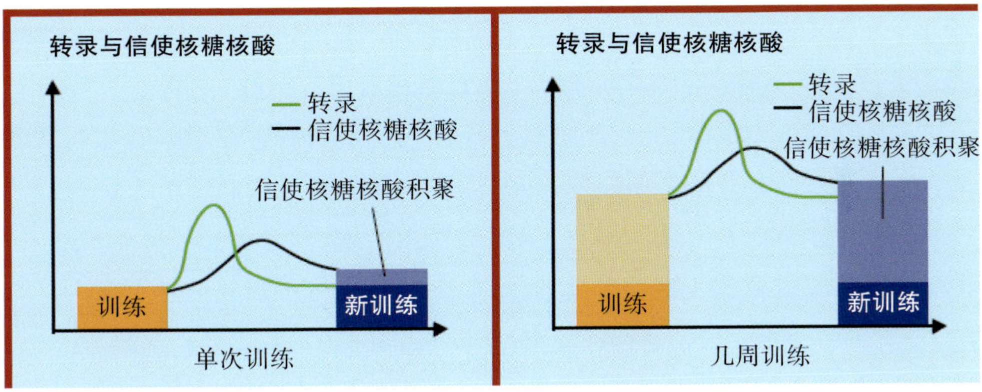

图5–7

肌肉对训练产生适应性改变的潜在机制。每次训练后，出现短暂的转录增多，使信使核糖核酸浓度升高。如果经常训练，信使核糖核酸浓度反复升高，可能提高了信使核糖核酸翻译成特定蛋白质的基础水平。

基因疗法

现在有许多关于基因疗法的研究。最终，这种研究或许能够使机体产出对抗疾病的蛋白质。然而，就像很多现有的有利的发现一样，基因操作或许将来被滥用于体育运动中。所谓的基因兴奋剂可能用来改变肌纤维的特性、纤维类型的分布并最终改变运动员的竞技能力。基因操作通过向肌细胞核中注入人造基因，例如，能够直接使细胞产生大量的蛋白质以增加肌肉体积。这种类型的兴奋剂很难

* 细胞核是一个细胞器官，其中包含了细胞的遗传学物质。

被检测出，因为人造基因在细胞内产出的蛋白质成分与正常蛋白质成分一致。

运动中肌纤维的募集

当进行低强度运动时，主要募集ST肌纤维。当运动强度增加，越来越多的FTa纤维得以募集。高强度运动中，FTx纤维同样也会被募集（图5-8）。在长时间运动中，肌纤维的募集形式也会发生改变。因此，在持续几小时的运动中（如马拉松跑），比赛的前期主要是ST纤维被激活。这些纤维耗尽了主要能源物质、糖原，随后神经系统募集更多的FTa纤维，之后是FTx纤维，来维持运动强度。额外募集这些FT纤维是困难的，因为此过程需要意识的参与，这就是为什么在长距离比赛的后期保持速度不变极其困难的原因。

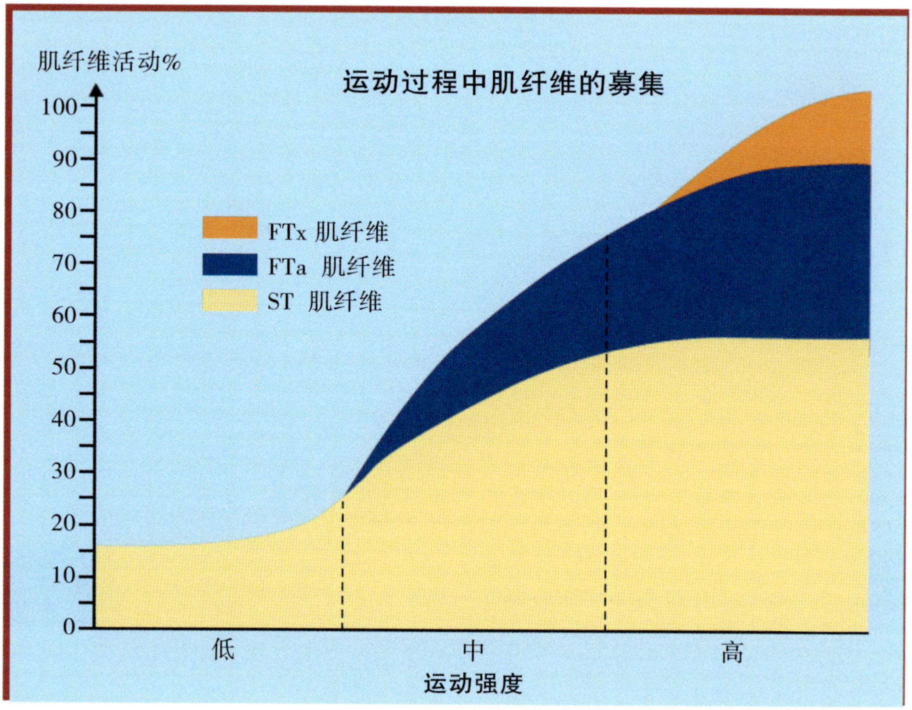

图5-8

随运动强度增加肌纤维的募集情况变化。低运动强度下，只有ST肌纤维（黄色）被激活。随着做功强度增加，ST和FTa肌纤维（蓝色）均被募集。当强度至最大，FTx肌纤维（橙色）也开始被激活。上述募集方式出现于有相似数量ST和FT肌纤维的个体，哪怕个体的肌纤维类型分布存在差异，但原则相同。

总结

人体拥有3种基本类型的肌纤维，名称是ST肌纤维、FTa肌纤维和FTx肌纤维。遗传潜力主要决定了肌肉内肌纤维类型的分布，但是训练可以减少FTx肌纤维的比例，增加FTa肌纤维的比例。没有清晰的证据表明人体中的FTa肌纤维能够转变为ST肌纤维，反之亦然。然而，有氧训练可以显著提高FT肌纤维和ST肌纤维的耐力能力。

学习任务

复习题

1. 人体肌纤维的主要类型及名称。

2. 训练怎样影响肌纤维类型的分布？

3. 慢肌与快肌纤维的氧化能力如何？训练对氧化能力的影响如何？

4. 在何种运动强度下，ST、FTa和FTx肌纤维被募集？对于马拉松运动员这种募集的重要性是什么？

6. 能量转换

运动中，化学能量转换为收缩肌中的机械能。肌肉可以通过几种途径产生能量，但只有一种形式能够为收缩肌肉直接提供能量。这种能量储存在一种名叫ATP的合成物中，即三磷酸腺苷。ATP由腺苷（一种蛋白质）和三分子的磷酸盐组成（见下图）。“分裂”的过程发生于第二和第三磷酸盐链接的键上，不需要氧的参与，释放出大量储存在链接键上的能量。当最后一个磷酸根水解，ATP转化成为ADP（二磷酸腺苷），即有两组磷酸根结合在腺苷上。

ATP→ADP+P+能量

腺苷–P–P–P→腺苷–P–P+P+能量

释放出的能量可以用于肌纤维的收缩，通过肌纤维内部的细肌丝（肌动蛋白）与粗肌丝（肌凝蛋白）间的相对运动得以完成。因此这个过程缩短了整个肌纤维的长度。相反，细肌丝回到原来的位置时（如肌肉放松）不需要能量参与。

因为ATP分子大且重，肌肉中只存储少量的ATP（约5毫摩尔*/千克湿重肌肉）。每天体内为40～60千克ATP发生转化，等同于利用200～300克脂肪。因此，利用“能量压缩”物质，如脂肪储存能量是具备明显优势的；否则，我们的体重会增加很多。由于ATP的转换率约为4毫摩尔/（千克肌肉·秒），因此，如果少量储存的ATP是唯一的供能物质，那么我们只能以最大强度进行1秒左右的运动（表6–1）。

由于肌肉中ATP的存储量小，为了维持运动所需ATP的分解与合成速率需一致。细胞中所有其他产能过程的功能都是为ATP的再合成提供能量。这些过程提供的能量用来把ADP和游离的磷酸盐组结合在一起，以完成ATP的合成。

ADP+P+能量 = ATP

*mmol是计量单位毫摩尔缩写。1毫摩尔等于千分之一摩尔。摩尔作为计量单位可以用来对不同物质含量间进行比较。

ATP重新储存后，可为能量消耗过程所用，如肌肉收缩。重建ATP所需的能量可由肌肉通过人体内存储物质分解或从日常饮食中摄取的营养物质中获得。这些过程可需要氧参与（有氧）或者无需氧参与（无氧）。分解后不同的复合物称为底物。运动过程中碳水化合物和脂肪是产生能量的主要底物，因此，必须在体内储备，以便随时可用（表6-1）。生理反应（过程）由酶控制并受激素的影响，如下所述。

表6-1　一位体重为70公斤，体脂含量10%的男子体内存储的能量底物

底物	储存量（克）	能量储备（千焦耳）	可维持运动的时长（最大强度）	运动中的功能	训练对储备的影响
ATP		4	1秒	直接供能	对浓度无影响
磷酸肌酸		15	6秒	迅速应用于ATP再生	对浓度无影响
碳水化合物					
肝糖原	100	1170		维持血糖	训练及高糖膳食使数量翻倍
肌糖原	400	7080		肌肉做功时主要能源	训练及高糖膳食使数量翻倍
体液中的糖	20	320		为大脑供能，为做功肌肉供糖	对浓度无影响
总量	520	9170	小时		
脂肪					
皮下	7000	275.800		主要用于低和中等强度运动	
肌肉中	150	5.910		运动中使用，主要在肌糖原再生的恢复期被使用	随训练增加
总量	7150	281.710	天		

TDC
Flügger

酶

酶是一种提高生命机体内化学反应速度（催化）的特殊蛋白质。酶控制机体的反应，但并不在反应过程中消耗。如果有更多可利用的酶，相关化学反应也会随之增加。

参与无氧反应产能的酶被称为无氧酶，存在于肌纤维的细胞间质中*（图6-1）。酶、肌酸激酶（CK）促使磷酸肌酸（CrP）降解并合成ATP。参与葡萄糖和糖原分解（糖酵解）的酶，被称为酵解酶，最重要的是磷酸果糖激酶（PFK，参见图6-1）。酶会受到细胞中不同物质浓度变化的影响。例如，ATP浓度降低会使磷酸果糖激酶的活性增加，以使肌肉产生更多的ATP。

一些酶决定了肌纤维有氧做功的能力。他们控制脂肪和碳水化合物的分解。多数酶存在于肌细胞细胞器（“小组织”），称为线粒体；然而，一些参与脂肪降解初始阶段的酶存在于细胞间质中（参见图6-1）。因为这些过程中的酶需要氧气，所以它们被称为氧化酶。丙酮酸脱氢酶作用于三羧酸循环中丙酮酸的转化（参见图6-1）。β羟基辅酶A脱氢酶（HAD）是脂肪氧化第一阶段中重要的酶。柠檬酸合成酶（CS）与琥珀酸盐脱氢酶（SDH）是三羧酸循环中的控制进程速率酶（参见图6-1）。

* 一个细胞的细胞间质是被细胞膜包裹起来的液体基质。

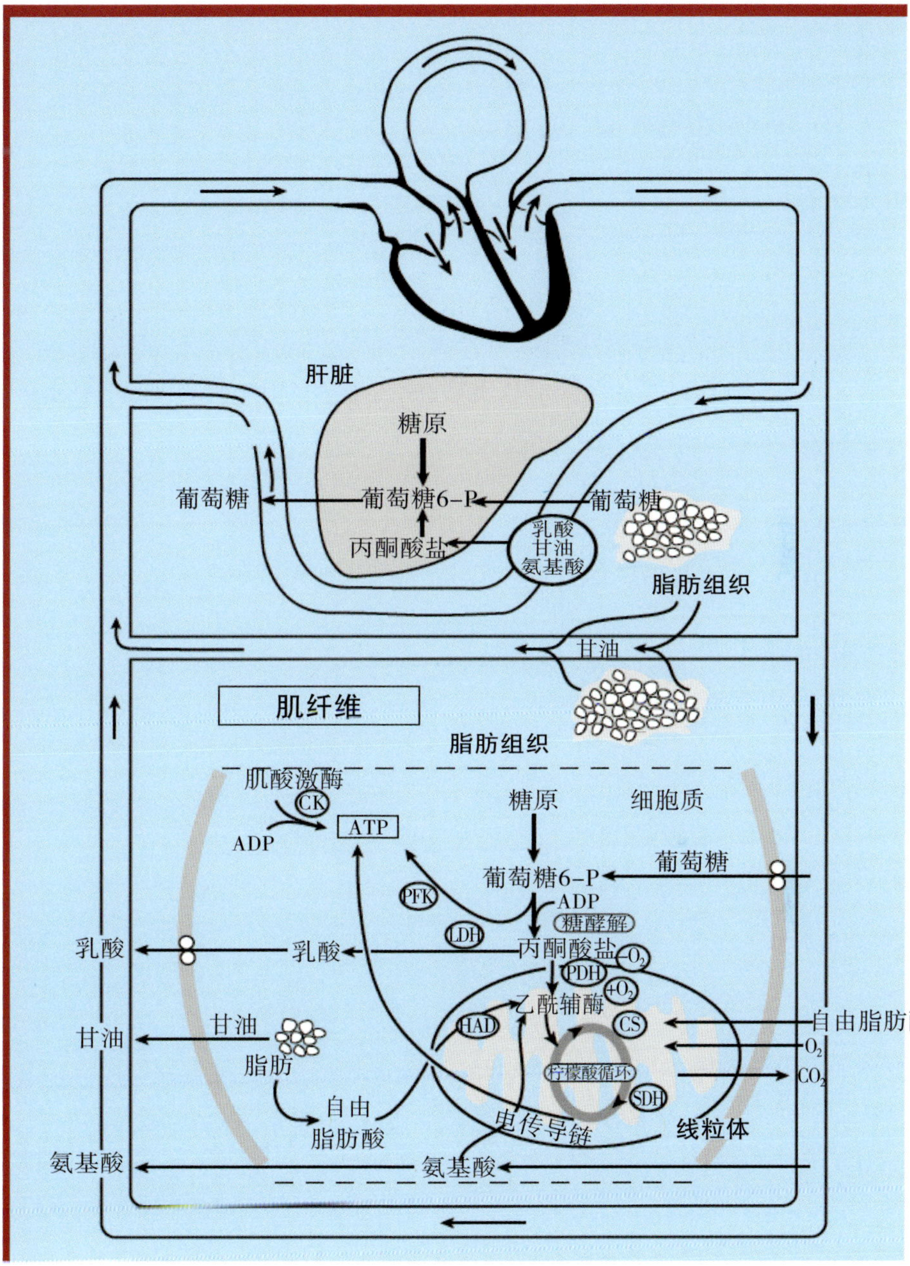

图6-1

体内存储产生能量的物质以及肌纤维中ATP再补充的过程。从有氧反应中产生能量（ATP）需要氧气和氧化酶的参与，在线粒体中发生。通过无氧过程产生ATP则由不同的酶进行控制，在不需要氧气的情况下发生于细胞间质中。CK=肌酸激酶；PFK=磷酸果糖激酶；LDH=乳酸脱氢酶；PDH=丙酮酸脱氢酶；HAD=β羟基辅酶A脱氢酶；CS=柠檬酸合成酶；SDH=琥珀酸盐脱氢酶。

训练及活动不足对肌肉酶的影响

酶对于身体活动或活动不足的状态非常敏感。训练增加了酶（浓度）的活性，活动不足降低了酶的水平。举例来说，一段时间有氧训练可提高氧化酶的活性，因此可能加快有氧能量转化的速率。相反，随着身体活动受抑制，氧化酶活性极速降低（图6-2）。因此，在酶数量相同的情况下，相较于降低酶活性，增加酶的活性会需要更多时间。

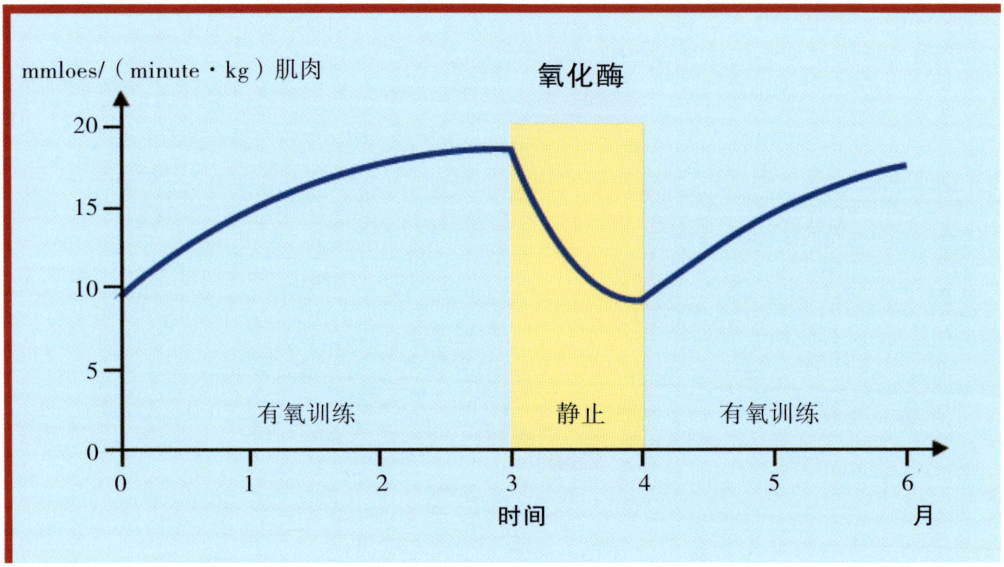

图6-2

交替进行有氧训练和减少运动对肌肉中氧化酶活性的影响。注意酶活性随训练明显增加，但减少运动后下降迅速。

只有参与训练的肌肉，酶的活性才会切实增加。在对3个主要涉及下肢运动项目（长跑、公路自行车和定向越野）的运动员小腿和大腿肌肉耐力能力，以及酶的活性对比。结果显示，3个项目使用肌肉的情况不同（图6-3）。例如，耐力跑运动员主要运用小腿肌群，自行车运动员主要利用大腿肌肉。由于

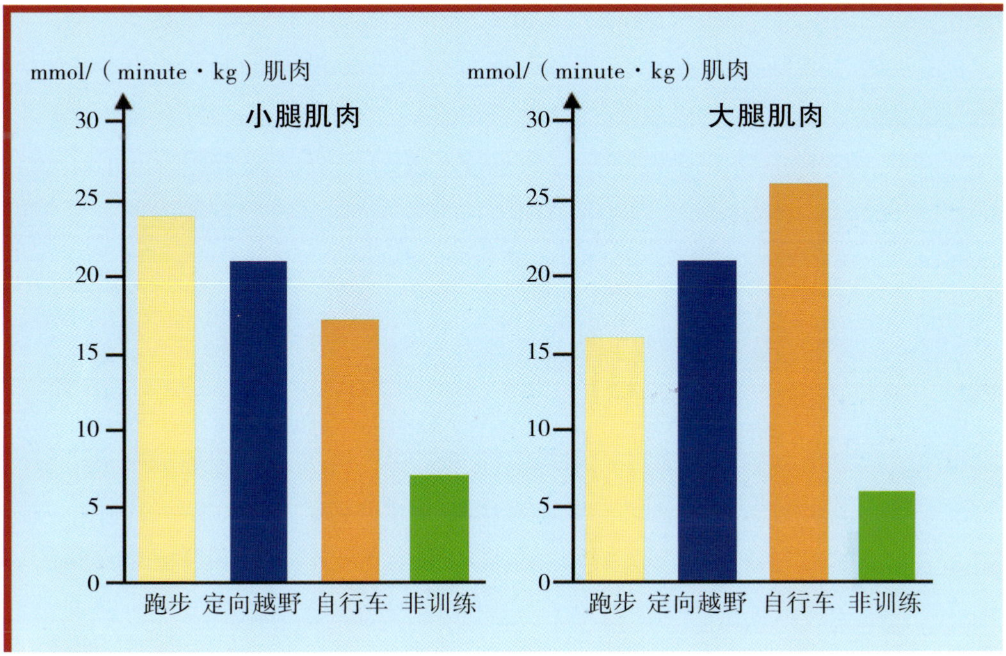

图6-3

下肢肌群主要参与的3个耐力项目中，高水平运动员和非受训人员（绿柱）小腿和大腿肌群中的琥珀酸盐脱氢酶和氧化酶活性。自行车运动员（橙柱）大腿肌群中的酶活性（SDH）高于其小腿肌群中的酶活性，长跑运动员（黄柱）情况相反，这提示如何在训练和比赛中利用这些肌群。定向越野运动员（蓝柱）由于同时使用小腿和大腿肌群，位于相关肌群内的酶均具有高活性。

定向越野运动员经常进行坡度跑动训练，因此小腿和大腿肌肉都具备优秀的耐力能力。结果还表明，跨项目进行交叉训练，会动用不同肌群，但不能优化运动表现。

激素

内分泌腺向血液中释放激素（化学“信使”）并传递到各个组织中发挥作用。激素与细胞表面的特殊蛋白受体结合，在细胞内产生作用。因此，尽管激素循环至所有机体组织和器官，但它们只在具备特定激素感受器的细胞上发挥作用。一些激素对运动过程中的代谢及训练引起的适应性改变有重要作用。

肾上腺素（肾上腺激素）和去甲肾上腺素（降肾上腺素）具有很多功能，包括维持血压和血糖水平。当交感神经兴奋时释放去甲肾上腺素（参见第11章）。肾上腺素（占总分泌的80%）和去甲肾上腺素（占总分泌的20%）由肾上腺髓质分泌，肾上腺的中间部分，受交感神经系统支配。肾上腺素和去甲肾上腺素的释放受运动和强烈的情绪影响，例如在罚点球前的恐惧或焦虑。

胰岛素由胰腺释放，对于细胞摄取营养有重要作用。消化的产物被小肠吸收之后进入血液。随后胰岛素刺激细胞吸收营养物质，并将葡萄糖、氨基酸和脂肪酸分别以糖原、蛋白质和脂肪形式储存。胰岛素促进葡萄糖通过细胞膜扩散。缺乏胰岛素使血液中的葡萄糖堆积并引起糖尿病。胰高血糖素同样由胰腺分泌并与胰岛素作用相反：胰高血糖素促进氨基酸和肝脏中储存的糖原分解产生葡萄糖。这两个过程均能释放葡萄糖进入血液。此外，胰高血糖素还可调动脂肪组织中的脂肪酸用作肌肉工作的额外能源物质。

皮质醇由肾上腺皮层分泌，即肾上腺的外层。此激素通过促进组织蛋白分解为氨基酸，后由肝脏产生葡萄糖，以维持运动过程中血糖水平。同样调动脂肪组织中的脂肪酸，并阻止肌肉以外的组织摄取葡萄糖。因此，皮质醇的作用为确保运动时有足够的能源（葡萄糖和自由脂肪酸）及随后用于组织修复的氨基酸。

生长激素由脑垂体前叶分泌，对于蛋白质、脂肪及碳水化合物的新陈代谢有重要作用。运动促进生长激素的分泌以维持血糖水平，其作用与胰岛素相反，并促进合成新的肝糖原和调动脂肪组织中的脂肪酸。生长激素同样促进细胞吸收氨基酸合成新蛋白质，因此一些运动员通过滥用生长激素来增加肌肉质量。

睾酮素由睾丸分泌。睾酮素是一种促进合成代谢（构成组织）的雄性激素（促进男性特征）的类固醇激素；它的功能是刺激蛋白质合成和引起男孩青春期生理特征的变化，提高肌肉与脂肪的比率。睾酮素和相似的类固醇最常滥用于运动中，以增加肌肉质量和提高运动表现。然而，长期使用造成的严重影响，如睾丸功能衰退，心肌质量和葡萄糖耐受力下降。

由内分泌腺分泌激素的比率取决于刺激或抑止分泌信号的输入。举例来说：当血糖浓度上升时，胰腺释放胰岛素；相反，当血糖水平下降时胰岛素分泌减少。或运动兴奋交感神经导致肾上腺素和去甲肾上腺素水平升高。多种激素浓度的相互作用调控运动过程中碳水化合物与脂肪的可利用性。因此在运动过程中，血浆中胰岛素水平降低，肾上腺素、去甲肾上腺素、糖原、皮质醇和生长荷尔蒙在血浆中浓度上升，以维持血糖浓度，且产生更多自由脂肪酸用于产生能量。

总结

肌肉中产生的能量，储存在ATP中，通过大量储存在肌细胞中或传递到血液中物质的反应来完成。这些反应或许需要氧气进行有氧代谢，或者不通过氧气来完成无氧代谢。反应速率由特定酶的活性控制，且各种激素的水平控制物质的使用状况。训练或活动不足可以改变这些反应的速率。

学习任务

复习题

1. 多少能量以磷酸肌酸的形式储存于肌肉中？
2. 糖原储存于哪一个组织/器官中？每个部位储存多少？
3. 脂肪存储在哪儿？
4. 酶的定义。
5. 柠檬酸合成酶，磷酸果糖激酶和肌酸激酶的功能是什么？
6. 有氧训练和活动不足的状态对氧化酶活性会产生何种影响？
7. 激素如何做功？
8. 肾上腺素由哪里产生？肾上腺素对身体组织和器官的影响是什么？
9. 胰岛素的功能是什么？

7. 有氧和无氧供能

如果氧气供应不足，无法通过有氧供能的形式为肌肉提供足够的能量，那么，肌肉可以通过无氧供能补充ATP的储存（如无氧供能）。无氧供能所释放的能量可以满足快速改变的运动强度，因此肌肉不用依靠逐步、缓慢的有氧供能。如果运动强度所对应的摄氧量高于最大摄氧量强度时，无氧供能至关重要，因为有氧供能不能满足全部能量需求。即使在耐力性运动中，如长跑和公路自行车，无氧供能能力影响运动员的运动表现，因为以冲刺结束比赛时，其能量消耗可能超出摄氧量。

磷酸肌酸储存于肌纤维中，是无氧供能的一种底物。由一种称为肌酸的蛋白质结合磷酸盐构成。例如ATP，能量储存于此键中。当磷酸肌酸降解，释放能量用以ADP和磷酸盐重新合成ATP。此过程不消耗氧气；更确切地说这是一个无氧反应：

磷酸肌酸（CrP）+ 二磷酸腺苷（ADP）→ 三磷酸腺苷（ATP）+ 肌酸

当肌肉停止工作，磷酸肌酸迅速地由相反向过程替代。这一过程所需能量由ATP分解而来：

三磷酸腺苷（ATP）+ 肌酸 → 磷酸肌酸（CrP）+ ADP

肌肉中磷酸肌酸的含量约为20毫摩尔/千克肌肉湿重，是ATP含量的4倍。如果在最大强度做功时磷酸肌酸是唯一的能源物质，那么只能维持大约6秒。这是因为在最大运动强度下ATP的转换率（在磷酸肌酸分解过程中合成）约为3.5毫摩尔/（千克肌肉·秒），参见图7–1。因此，以最大强度运动时，肌肉中磷酸肌酸与ATP联合供能可维持7秒左右。然而，这种情况永远不会发生，因为能量总会从其他储存的物质中产生，如糖原。两分子ADP转化成ATP和一磷酸腺苷的过程也是无氧供能的一小部分：

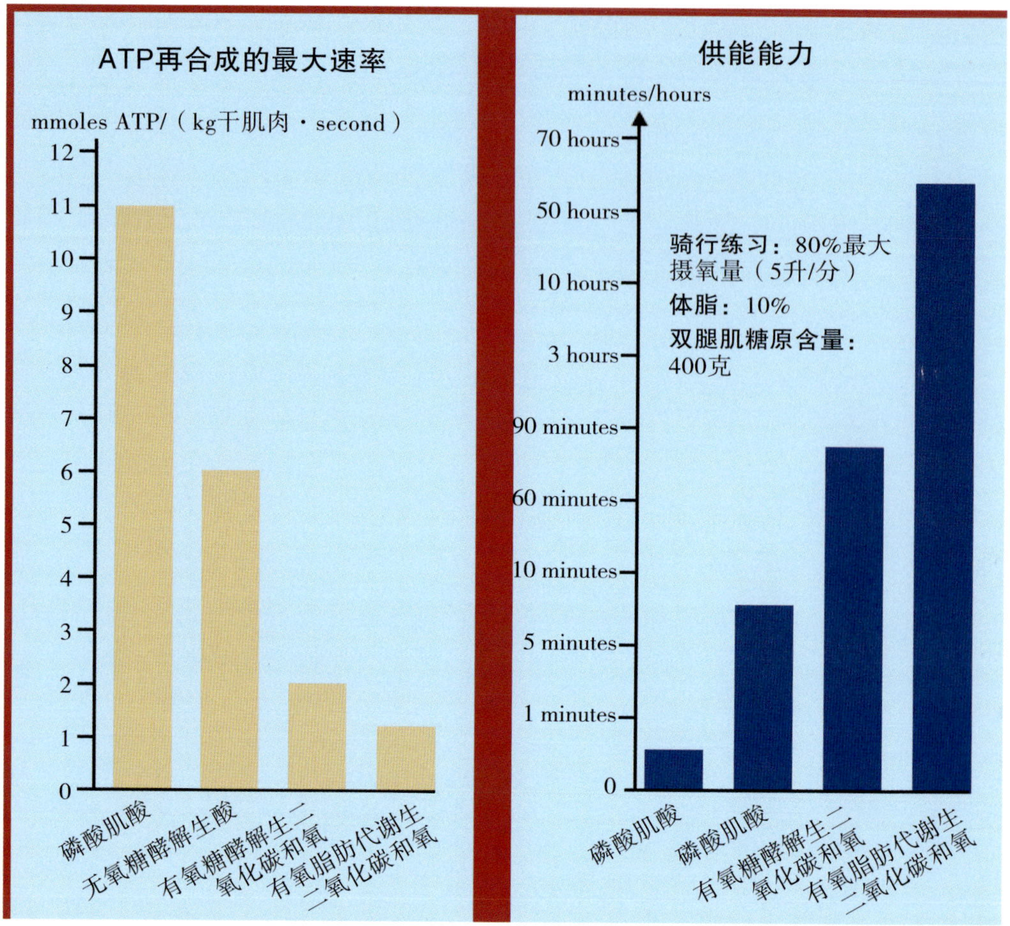

图7-1

有氧与无氧反应和相应供能能力中ATP合成的最大速率。注意，对比有氧反应（左）无氧反应可以在单位时间内产出更多的ATP数量。每条能量产出途径的工作能力（右）显示了通过单一途径作为唯一能量来源，直至全部耗竭的情况下，每条能量产出途径能够在最大强度下维持做功的时长。实际上，通常不止一条能量产出途径得以应用，且在能源全部耗竭前出现疲劳。此供能能力测定于一名70公斤重的高水平自行车运动员，其体脂含量10%，腿部肌群肌糖原储备400克，以80%最大摄氧量的强度运动（如摄氧量为4升/分）。不同个体的工作能力差异较大，这取决于性别、体型、饮食和体能水平。

$$ADP + ADP \rightarrow ATP + AMP$$

碳水化合物（不是脂肪和蛋白质）是唯一可以通过无氧反应释放能量的底物。无氧糖酵解过程是将碳水化合物糖原和葡萄糖首先分解为丙酮酸盐的化合物，然后分解为乳酸。这个过程发生在肌细胞的细胞质中（参见图6–1）。大量的能量从存储的肌糖原降解中释放，可持续几秒钟以上：

糖原 + 3分子的ADP + 3分子的P → 3分子ATP + 2分子乳酸

虽说储存于做功肌肉中的糖原是首要底物，但血液中的葡萄糖可同样被使用。肝脏分解其他化合物，如乳酸或糖原产生葡萄糖，之后进入血液。

与有氧条件下利用糖原相比，糖酵解首先生成丙酮酸盐，然后乳酸消耗了相当多的糖原，大量产生能量。1毫摩尔糖原（180克）分解为乳酸产出的能量足够用于重建3分子ATP，而1分子糖原的有氧氧化可产生39分子的ATP（约多出13倍的能量）。然而，像磷酸肌酸的降解一样，乳酸糖酵解过程很迅速，单位时间内较有氧过程产生更多的ATP（参见图7–1）。在最大强度的运动中糖酵解尤为重要，举例来说，在100米冲刺跑中，短时间内需要大量能量，然而总能量的需求相对较小。

即使在休息时，肌肉中也会产生少量乳酸。肌肉中乳酸浓度约有1毫摩尔/千克肌肉，等同于90毫克/千克肌肉，血液中浓度为1毫摩尔/升。乳酸不是一种废物，而是一种富含能量的化合物。乳酸可以氧化释放更多能量，或用来产生葡糖糖和肌肉中及各个器官，如心脏和肝脏中的糖原（图7–2）。

在生理条件下，乳酸在酸碱反应中几乎完全解离（水解）成为一个乳酸离子与一个氢离子（H^+）*。

乳酸 →（乳酸离子）+ 氢离子

* 离子是带电的原子，或原子组，通过正负电荷的引力结合成化合物。在溶液中，离子发生离解。氢离子（H^+）是使溶液呈现酸性的特殊离子。

这样，糖原分解为乳酸增加了肌纤维内的酸性（降低了酸碱度*），对疲劳的发展产生影响（参见第12章）。

测定无氧代谢量

当前没有精确的方法测定全身运动，如跑步和自行车过程中无氧代谢量。尽管血液中的高乳酸水平是大量糖酵解的表征，但几个原因妨碍了利用血乳酸精确测定无氧代谢过程中产生能量的方法。主要问题是乳酸产生于肌肉中，而测试通过血液进行。在短时间高强度运动时（2～10秒），产生大量乳酸，但只有少量的乳酸堆积在血液中。这种差异受肌纤维输出乳酸限制，大容积液体的由肌肉向血液中分配（如体液），而只释放出少量乳酸。在达到肌肉和血液间的稳定状态前，乳酸分配至其他体液，并且大量的乳酸已经被机体细胞所利用（图7–2）。

与静息状态相比，在非常剧烈的运动中，肌肉中乳酸浓度可升高40倍，在血液中升高25倍。因此，剧烈运动中乳酸产生的真实情况只有通过肌肉活体组织的取样，并直接分析其中乳酸量而获得。在运动中为了测定无氧能量产生的总量，肌肉活体组织取样需要在运动前及运动后即刻进行，以测定无氧反应的代谢产物（如ATP，磷酸肌酸和乳酸）。如果活体样本取自主要参与做功的肌群（如自行车运动中的大腿肌肉），结果可以提示身体能量总产出。为了正确分析代谢物，组织样本必须清除掉结缔组织、脂肪和血管。然后，冻干组织样本以去除所有水分，因为水分比重约占肌纤维的75%。因此，肌肉组织样本的干重约为原始湿重的四分之一。这些步骤因复杂且耗时，在实际中不经常使用，无论是用于在教学研究还是竞技领域，特别当经常对许多运动员进行测试的时候。

* 酸碱度（pH）是使用1~14用来测定溶液酸碱度：pH值越低，溶液酸性越高。

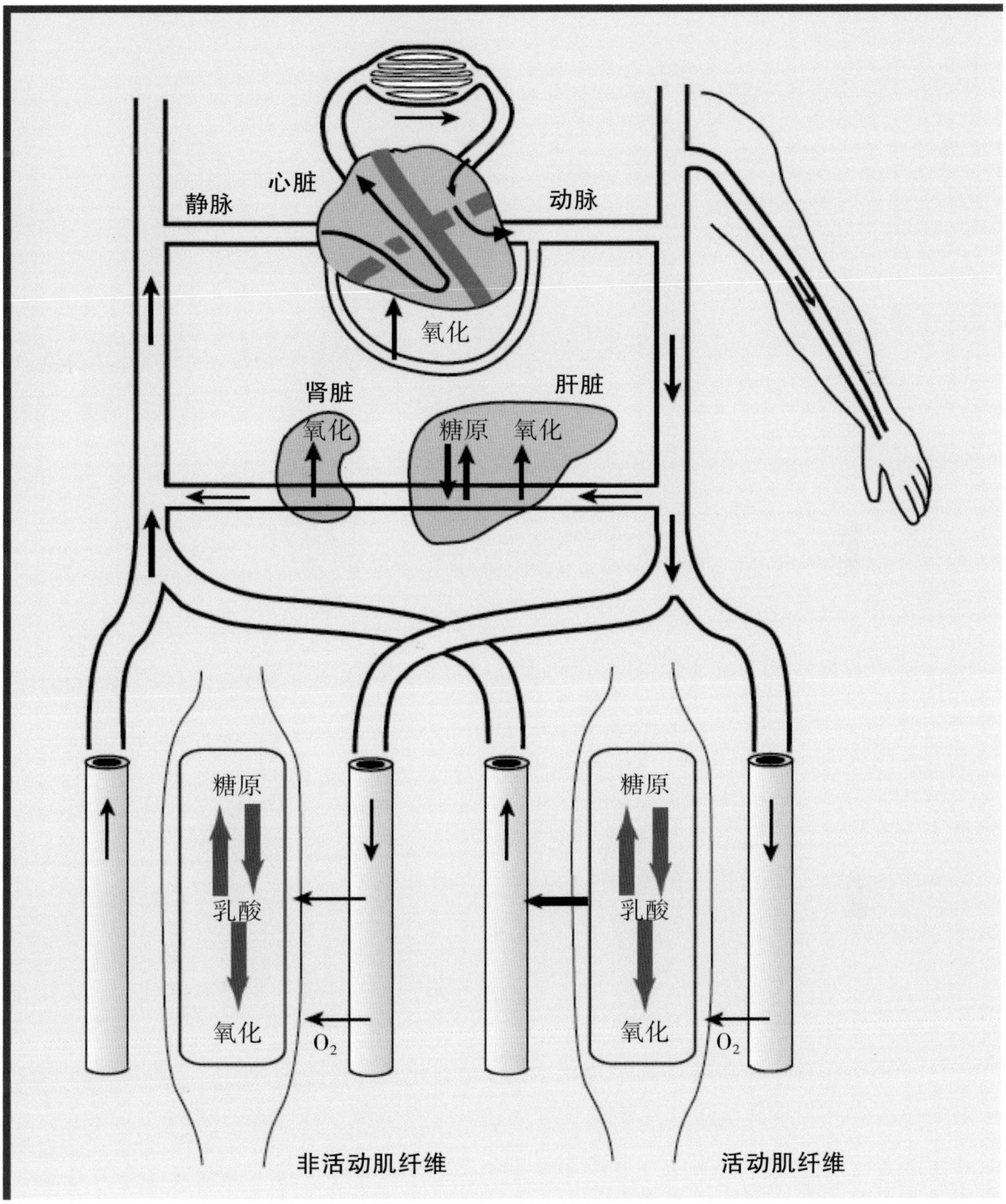

图7−2

肌肉中产生的乳酸会怎样。部分残留在肌肉中的乳酸，或堆积或者在线粒体中氧化。一些进入血液循环系统并分配至将乳酸作为底物使用的所有组织和某些器官（如心肌、肝脏、肾脏和其他“不活动”肌群）。尽管腿部肌群参与活动，少量的乳酸传递至上肢和手，因此也可测得手臂血液中乳酸水平的升高。

最大无氧能力

无氧能力是指肌肉在不耗氧的情况下迅速产生大量能源的能力。最大无氧能力是指以无氧形式产生并释放能量的最大速率。增加磷酸肌酸和ATP的分解和糖酵解速率来提高最大无氧能力。在实际情况中，最大速度进行短距离（100～400米）冲刺或爆发速度，如足球中由守转攻冲刺过半场时，具备优秀的最大无氧能力至关重要。一个广泛用来测定无氧能力的实用测试是温盖特（Wingate）测试，在自行车上完成30秒极量测试（图7-3）。测试中，负荷施加于自行车，一般根据0.07千克/公斤体重进行设定（如对于一位体重70公斤的人，采用约为5千克的负荷）。每分钟的旋转数量决定了接下来测试的持续时间。基于这个信息，能量输出可以通过公式计算出来：

输出功率＝单位时间做功＝质量×加速度×（距离/时间）

举例来说，体重70公斤的人，负荷设定基于0.07千克/公斤体重，旋转峰值为150/分，其功率输出峰值为：

70公斤×0.07千克/千克×10m/秒^2 ×（6m/转×150转/60秒）

＝735 焦耳/秒＝735 瓦。

图7-3显示温盖特测试过程中的功率输出。值得注意的是几秒钟内达到最大功率输出，然后随测试进行而平稳下降。所获得的最高能量数值和测试结束时，能量值之间的差异显示了疲劳程度，即疲劳指数。增加最大无氧功率输出可以通过提高速度和进行速度耐力性训练完成（参见引言）。

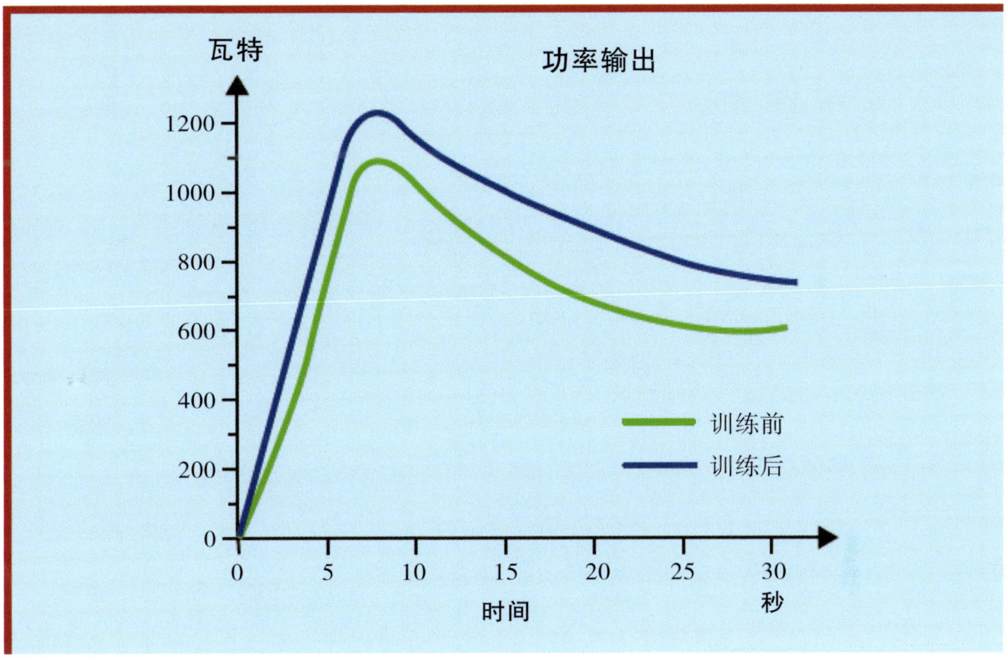

图7-3

温盖特测试中的功率输出。此为30秒的最大速度自行车测试。注意，功率在30秒工作期间明显下降（高疲劳指数），与训练前（绿线）相比，功率输出峰值在一段时间的无氧训练后（蓝线）明显增加。

无氧能力

无氧能力是对耗竭状态下可释放最大无氧能量（主要通过糖原到乳酸的分解来产能）的一种测定。在很多运动中，运动员必须克服身体疲劳所带来的影响，在高强度上尽可能久地运动。无氧能力在中距离跑中（800～3000米）尤为重要，因为运动员长时间以高强度运动。同样，在冰球运动员中，优秀的无氧能力使得他们能够长时间重复地进行高强度运动。训练提高了应对和耐受产生因素的能力，如引起疲劳的酸性物质和不断堆积的钾离子。通过训练提高的无氧能力称为速度耐力耐受性训练（参见引言）。

血乳酸的测定

即使在低运动强度下，肌肉中会产生乳酸并释放到血液循环系统，但同时以相同的速率将乳酸从血液中移除，因此，血乳酸水平维持稳定（图7–4）。在达到更高的运动强度时，乳酸在血液中堆积，堆积情况在亚极量运动中更为明显。

血乳酸的测定常用来检查和规划运动员的训练。所谓的无氧阈就是用于此。无氧阈代表最大强度下乳酸浓度稳定——更确切地说此点肌肉（至血液）释放乳酸的速率与血液移除乳酸的速率相一致。理论上来说，如果以高于此阈值对应的强度运动将会引起血液中乳酸明显堆积。

许多体育科学家和教练员用4毫摩尔/升的血乳酸浓度作为无氧运动强度的标志，然后以此来控制训练强度，相信在此强度上进行训练能够更好地发展耐

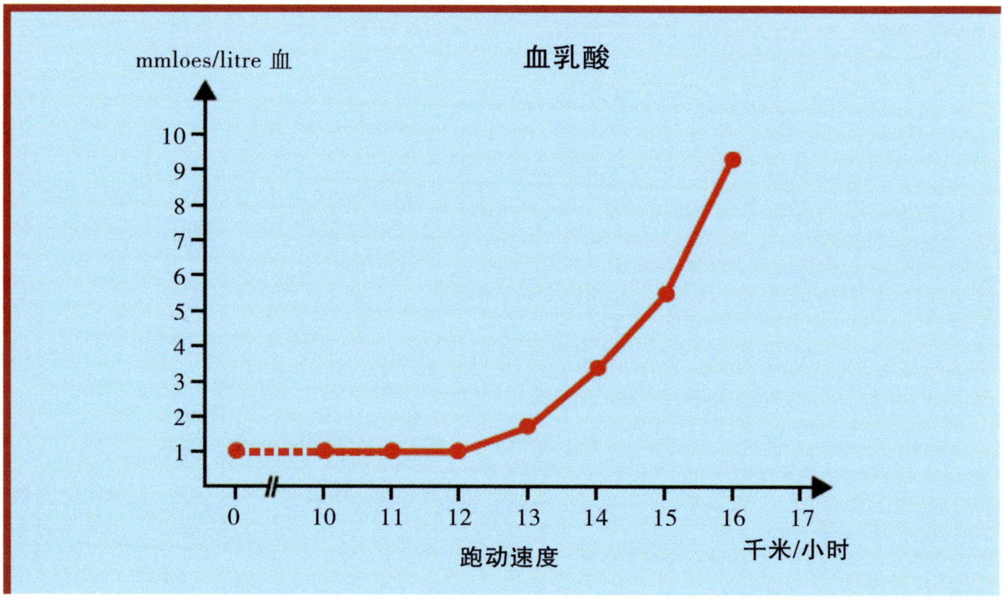

图7–4

跑动速度与血乳酸水平间的关系。跑动速度低时，乳酸的产生率也低。当跑动速度达到一定阈值（13~14千米/小时），乳酸生成率明显增加且血乳酸浓度迅速上升。超过阈值后，跑动速度稍微提升就会引起血乳酸浓度明显升高。

力能力。然而，这个无氧阈的理论中有几点不足。正如前文所提到的，主要问题是乳酸产生在肌肉中，而却通过血液进行测定。在任何时间，肌肉中的乳酸浓度都要高于血液中浓度。因此，4毫摩尔/升的血乳酸浓度并不能完整体现肌肉中乳酸的产量和乳酸移除的最佳阈值。此外，运动强度与血乳酸浓度间的关系很大程度上取决于如何进行测试。在相同的运动强度上，但运动周期的持续时间不同（图7-5），暂停时长，使用的测试器材（如跑步机）和采集血液样本的部位，都会导致血乳酸水平的评价结果上出现差异。因此，实际上，不可能测定无氧阈，它不能用来控制训练强度。不过，其依旧广泛应用于一些耐力项目中。

使无氧阈概念更为复杂的是，事实证明，在持续运动的强度活动时，个体血乳酸水平有明显差异。研究还显示，一些人可以在血乳酸浓度6毫摩尔/升以

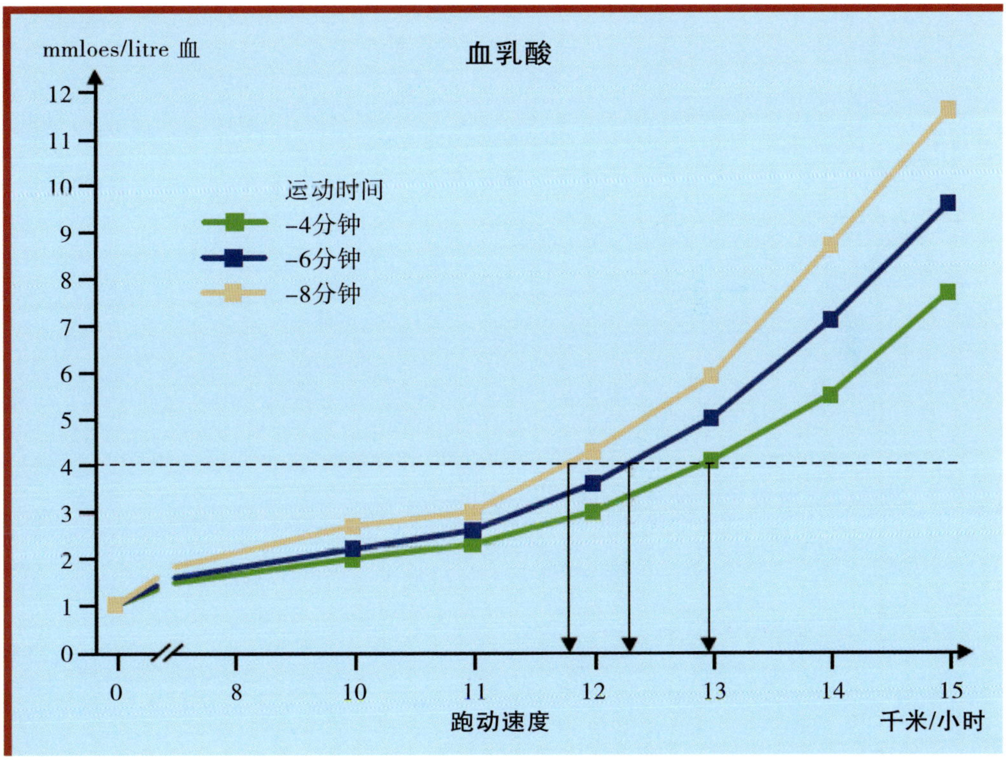

图7-5

运动时长对血乳酸浓度的影响。血乳酸浓度在运动4分钟（绿线）、6分钟（蓝线）和8分钟（黄线）时测定。明显在3个测试中，血乳酸浓度为4毫摩尔/升（一些教练员用此值来控制运动强度）时所达到的不同跑动速度，如纵向箭头所示。

上的状态下持续运动超过1个小时，其他人只能在相同运动强度上以3毫摩尔/升的浓度进行短时间运动（图7–6）。因此，以4毫摩尔/升的血乳酸水平作为训练强度的标准对于前者过低，而对于后者又过高。

另一个控制训练强度的指标是结合心率对血乳酸水平进行测定。然而研究显示，心率同样取决于测试的类型，因此，并不是一个很准确的方法来预测适当的运动强度。此外，在既定负荷下心率每日都会发生明显变化，如由于体液平衡的差异。

明显的是，血乳酸值不能用来衡量训练强度；然而，可以用来监控身体水平及训练过程中负荷的变化。一段时期的有氧训练降低了在特定运动强度中乳酸的产生，增加了乳酸从血液中移除的速率（图7–7）。因此，血乳酸浓度反映的是耐力能力的改变。尽管没有推荐特定的测试，相同的测试必须在训练周期前、后使用，以降低因测试方案而引起的血乳酸值的差异。血乳酸水平的测定同样为训练负荷提供了信息，并可以用来了解哪一个供能系统受到了训练的

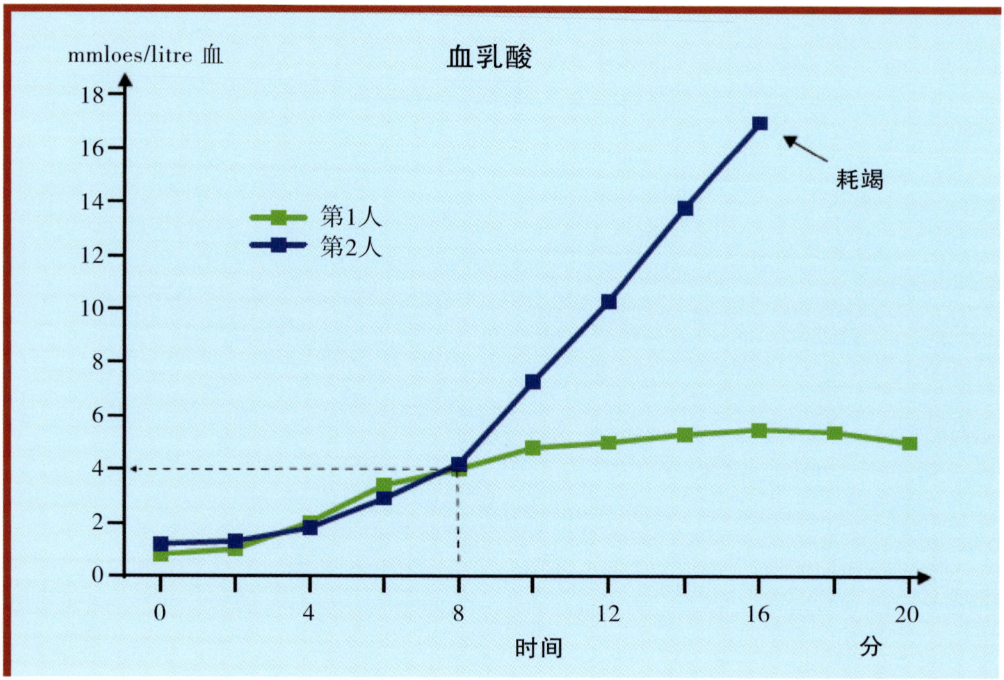

图7–6

相同跑动速度的两人血液中的乳酸状况。8分钟后两人的血乳酸浓度均为4毫摩尔/升。然而，第一人（绿线）能够以此速度跑更长的时间，相反第二人（蓝线）的乳酸浓度在此点后血乳酸迅速升高，并在16分钟时到达耗竭点。

刺激。因此，如果使用合理的方法进行血乳酸测定，可以使训练更有效。

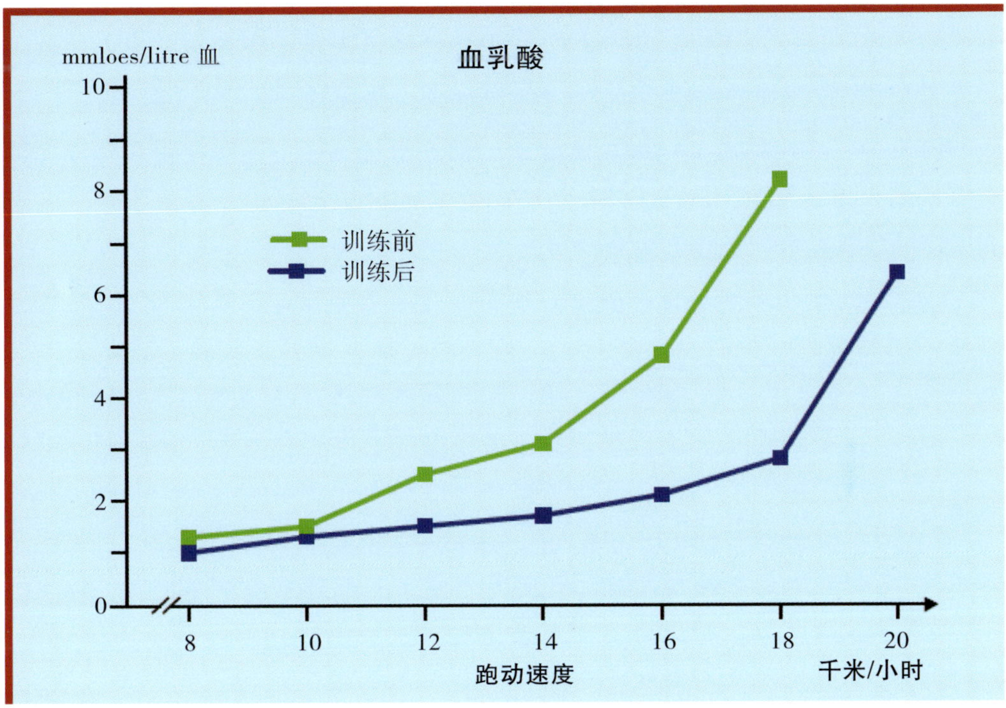

图7－7

训练对血乳酸浓度的影响。一个人在进行一段时间的有氧训练后，进行6分钟运动测试前（绿线）、后（蓝线）的对比。一段时间训练后乳酸曲线的右移表明了耐力能力的提高。

有氧供能

营养物质碳水化合物与脂肪是有氧产能的首要底物，但也可以利用蛋白质。这些氧化过程产生水和二氧化碳：

碳水化合物（糖原）+ 6分子氧 + 39分子ADP + 39分子磷酸肌酸 →
6分子二氧化碳+6分子水+39分子ATP
脂肪（十六酸）+ 23分子氧 + 129分子ADP + 129分子磷酸肌酸 →
16分子二氧化碳 + 16分子水 + 129分子ATP

通过呼气排出身体内的二氧化碳。第一步是在细胞间质中完成碳水化合物和脂肪的降解。接下来的步骤发生于线粒体（参见图6–1），肌纤维中存有大量的线粒体，可以视为细胞的发电站。以脂肪或碳水化合物作为底物在线粒体中发生相似的反应。线粒体中最初的反应称为三羧酸循环（参见图6–1），最后的阶段为电子传递链。在最后阶段中，消耗氧气，产生二氧化碳，释放大量的能量用来重建ATP。然后ATP从线粒体中传递至细胞间质，以便用来肌肉收缩所需的机械功。

线粒体中利用的氧气由肺吸入并由血液传递至细胞。在肌纤维中，小部分氧与蛋白质、肌红蛋白结合储存，当需要时迅速释放氧气。运动后，更多的氧气传递至细胞并再次与肌红蛋白结合。肌红蛋白结合的全部氧气量约为0.5升。此外，一小部分氧与血红蛋白结合并溶解于肌肉的血液中。这些氧气可以迅速用于有氧合成。

在表7–1中展现了有氧和无氧产能（ATP）过程的概述。

表7–1 ATP产生的有氧和无氧过程

无氧过程：ATP→ADP+P+能量
CrP→肌酸+ADP+ATP
糖原（或葡萄糖）+ ADP+P→乳酸+ATP
有氧过程：糖原（或葡萄糖）+氧气+ADP+P→二氧化碳+水+ATP
脂肪+氧气+ADP+P→二氧化碳+水+ATP
蛋白质+氧气+ADP+P→二氧化碳+水+ATP

总结

无氧产能的过程发生于运动强度增加时，进行激烈运动时，以及运动的起始阶段。无氧过程产生ATP 主要是利用磷酸肌酸和碳水化合物作为底物。在糖酵解过程中，糖原分解成乳酸，其中部分乳酸进入血液循环系统。因此，血液中堆积的乳酸可提示无氧供能的情况，如果在亚极量运动中进行测定，可以用来评估一个人的耐力能力。从有氧过程中产生的能量主要是由碳水化合物和脂肪在线粒体中的分解，这个过程需要氧气的参与。

学习任务

复习题

1. 描述三种产能过程中哪一种能够无氧产生ATP？
2. 如何利用糖原作为产生乳酸的底物，其与氧化过程的差异？
3. 当乳酸形成，为什么肌肉酸性升高（如pH值降低）？
4. 描述在运动过程中乳酸进入血液后发生了什么？
5. 亚极量强度下运动影响血液中乳酸堆积的3个因素？
6. 为什么在亚极量强度运动时血乳酸浓度可以用来评价训练水平的变化？
7. 当碳水化合物作为底物时，通过有氧过程能够产生多少ATP？脂肪作为底物时能产生多少？

计算题

一位体重80公斤的人进行温盖特测试，负重为0.08千克/公斤体重。在测试过程中持续记录脚踏频率：

时间（秒）	0~2	2~4	4~6	6~8	8~10	10~15	15~20	20~25	25~30
脚踏频率（旋转次数）	2.5	4.0	5.0	4.5	4.0	8.5	7.0	6.5	6.0
功率输出									

1. 计算受试者每个阶段的功率输出（忽略力可加快此循环）。以10米/秒^{2}作为重力常数。将数值填入上面的表中。
2. 将结果以图表示，以时间为X（横）轴，功率输出为Y（纵）轴。
3. 测定最大功率输出和疲劳指数。
4. 画图解释一段时间无氧速度耐力训练后，温盖特测试对功率输出产生的影响。

8.运动过程中的能量转换

休息状态下，肌肉中能量来源的途径主要为有氧代谢，同时，也需要一小部分的无氧反应。运动中，肌肉代谢增加，能量来源于有氧和无氧过程。在一些运动中，运动员持续进行非常高强度的运动（如百米跑）或中等强度的运动（如马拉松跑），然而多数运动中，做功强度是不同的。即使在如越野滑雪和公路自行车等周期运动中，强度也是经常发生变化；例如，当骑手试图突出重围，或上、下坡时。此外，即使是时间较长的比赛，在比赛的最后阶段，运动员仍需要进行冲刺。在球类比赛中，强度不断变化。如在足球比赛中每名运动员通常要完成超过1000次的活动变化。不同能量系统的供能比例取决于运动做功的强度和类型。本章中将探讨这种关系。

持续做功中的能量转化

运动期间及运动后的能量转化可以分为三个阶段（图8-1）。最初的阶段，摄氧量增加，开始迅速，之后变得缓慢。此时，通过单纯的有氧代谢过程摄入氧量，不能满足肌肉做功所需要的能量消耗。在能量需求与实际摄氧量间的差异称为氧债。无氧代谢供能补充有氧代谢供能不足，从而达到能量需求平衡。与氧债相关的能量供给如下：

- ATP和磷酸肌酸储存的消耗。
- 糖酵解产生乳酸。
- 小部分结合血红蛋白的氧气产生氧化反应且自然地溶解于肌肉血液中，肌纤维中氧气结合肌红蛋白，因此，一小部分用来弥补氧债的能量，实际上是由有氧代谢过程提供的。

氧债的出现首先是因为最初肌肉从血液中摄取氧的能力较弱，同样还因为循环系统不能足够快地为做功肌肉提供足够的血液量。运动的强度越高，氧债越大。在中等强度运动过程中，起初的几分钟时间里血乳酸水平上升，随即下降至近乎安静状态。另外，在高运动强度上，血乳酸浓度维持升高或持续提高。

静止状态或恒定阶段，心输出量与氧摄取量达到稳定水平，机体的摄氧量与能量需求持平，如果进行低或中等强度的运动时，也同样如此。通常，在摄氧量达到恒定状态之前需要2~3分钟时间。做功强度越高，摄氧量增长也更为迅速。如果运动强度高，摄氧量将不会达到恒定状态，而是在开始迅速上升后逐步增加。实际摄氧量和2~3分钟运动后摄氧量（如快速上升阶段后）间的差异称为慢成分（图8-1）。

做功停止后，摄氧量不会迅速下降。摄氧量上升不仅需要满足休息状态下的能量转化，还要负担在运动初始阶段出现的氧亏空和一系列能量需求超过休息水平的过程（例如，心率与呼吸频率的提高）。运动后摄氧量的降低呈现为两个阶段：首先急速期，其次是1~2分钟的缓慢期直到最后达到休息水平。额外需要的总摄氧量称为氧债。一段长时间的运动后，摄氧量的增加可能会维持超过24个小时。氧债由多重因素引起，如ATP和磷酸肌酸的再合成，肌红蛋白和血红蛋白结合氧后的再负载，乳酸的移除，糖原的再合成，为提高呼吸率，

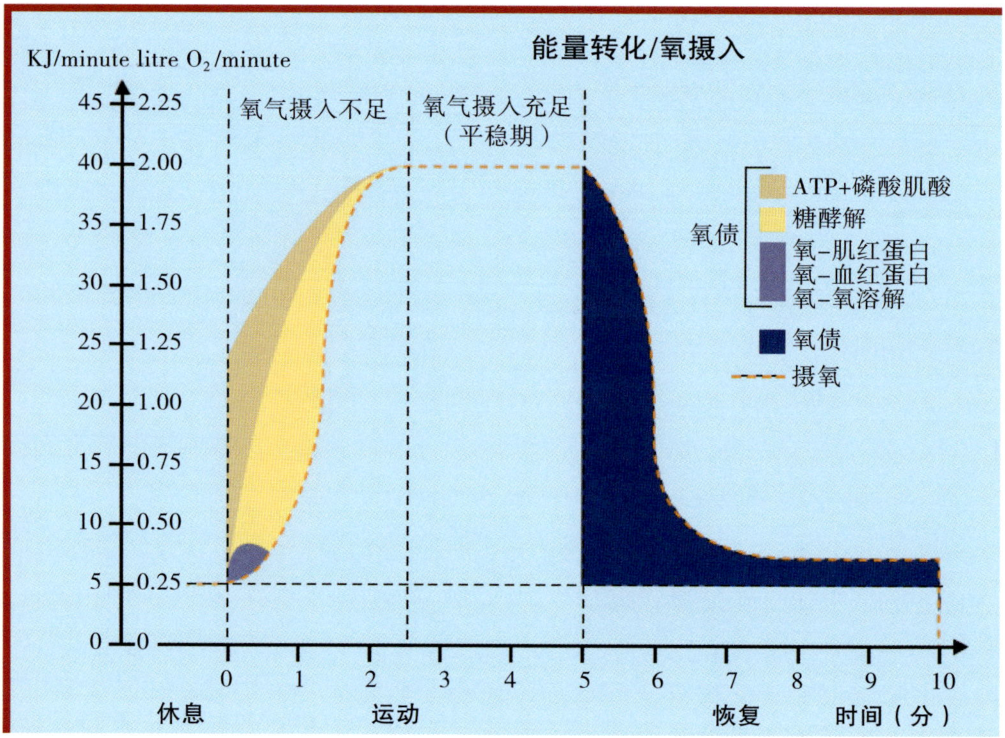

图8-1

5分钟次最大强度练习前、中、后的能源和摄氧量

心输出量和温度的能量需求。

持续做功可以分为超最大强度和次最大强度做功，根据做功强度高于或低于相对应的最大摄氧量强度进行区分。

次最大强度持续做功

次最大强度做功可以粗略地分为中等强度（超过30分钟持续时间）或高强度（6～30分钟持续时间）的持续活动。

在较长的持续活动（超过30分钟）过程中，以有氧功能为主。在运动中，无氧代谢同样提供了一定的帮助，主要在运动的开始阶段，运动强度临时改变时，以及比赛的冲刺过程中，当做功强度变化时以及比赛尾声冲刺的过程中同样提供了有限的辅助。在做功强度超过了最大摄氧量的60%时，会明显产生乳酸。随着运动强度的增加，乳酸的生成量也随之增加（参见图7–4）。例子中在较长的次最大强度上以最高相对强度做功的是优秀马拉松选手，约2小时6分钟处于略微超过最大强度90%以上的摄氧量情况下进行跑动，平均速度约为20千米/小时。

在持续6～30分钟的次最大强度运动过程中，无氧代谢为能量的供应提供了显著的支持。然而，这种支持在总能量需求中只占有很小的比重。当做功强度上升，从碳水化合物分解中提供能量的比例也相对提高，因为单位时间内碳水化合物底物能量释放更多。例子中相对高强度做功的运动员是5000米优秀跑步运动员（持续时间约为13分钟，时速为23千米/小时）和10000米运动员（约为27分钟，时速为22千米/小时）。在这一速度下进行运动，分别为98%和95%～96%最大摄氧量强度。

超最大强度持续做功

超最大强度做功可以粗略分为：

- 最大强度上进行运动（持续时间0～10秒）
- 高强度上进行运动（持续时间10～120秒）
- 在稍高于相应最大摄氧量的强度上运动（持续时间2～6分钟）

进行最大强度做功时，由于所需能量转换率高，因此能量供应来源主要为无氧代谢（表8–1）。举例来说，在跳高的起跳过程中，最后起跳的一刹那，

表8-1　无氧和有氧过程中能量的储存和底物利用

能量过程	能量储存（毫摩尔ATP/千克肌肉）	功率/［毫摩尔ATP/（千克肌肉·秒）］	达到最大功率的时间
无氧过程			
ATP	5	4	<1秒
磷酸肌酸	20	3	<1秒
碳水化合物→乳酸	1300	1.5	~10秒
有氧过程			
碳水化合物→二氧化碳+水	70,000	0.6	~2分
脂肪→二氧化碳+水	8,000,000	0.3	~30分

* 所有值均为参考值。个体间存在很大差异。

主要由储量很少的ATP和磷酸肌酸的降解来提供能量。又如100米跑，对于最好的运动员来说，用时少于10秒。在这个情况下，主要的能量来源是（无氧）糖酵解产生乳酸，而ATP和磷酸肌酸也为供能提供了明显的帮助，伴随在少部分的糖原有氧分解的过程中。

肌肉中储存的ATP数量虽然很少且很快被耗竭掉（参见表8-1）。然而，ATP含量即使在进行非常剧烈的运动过程中也很少会下降至休息水平的50%以下，因为ATP会迅速地补充。ATP的直接来源由肌肉中的磷酸肌酸提供，由于磷酸肌酸的储量同样有限，且可以被消耗殆尽。当做功开始，肌糖原（糖酵解）开始迅速分解，伴随产生乳酸底物。研究显示，在6秒钟的最大做功状态下，ATP-CP的利用和糖酵解分别为无氧供能的比例各占50%（图8-2）。做功停止后，ATP和磷酸肌酸会重新生成。这种更替发生的速度取决于做功的强度和持续时间以及个人的有氧训练水平。对在自行车上进行30秒最大冲刺做功的研究显示，运动停止后50秒左右的时间，磷酸肌酸就可以完成一半的再存储。而几分钟后几乎完成了全部的再储存（图8-3）。

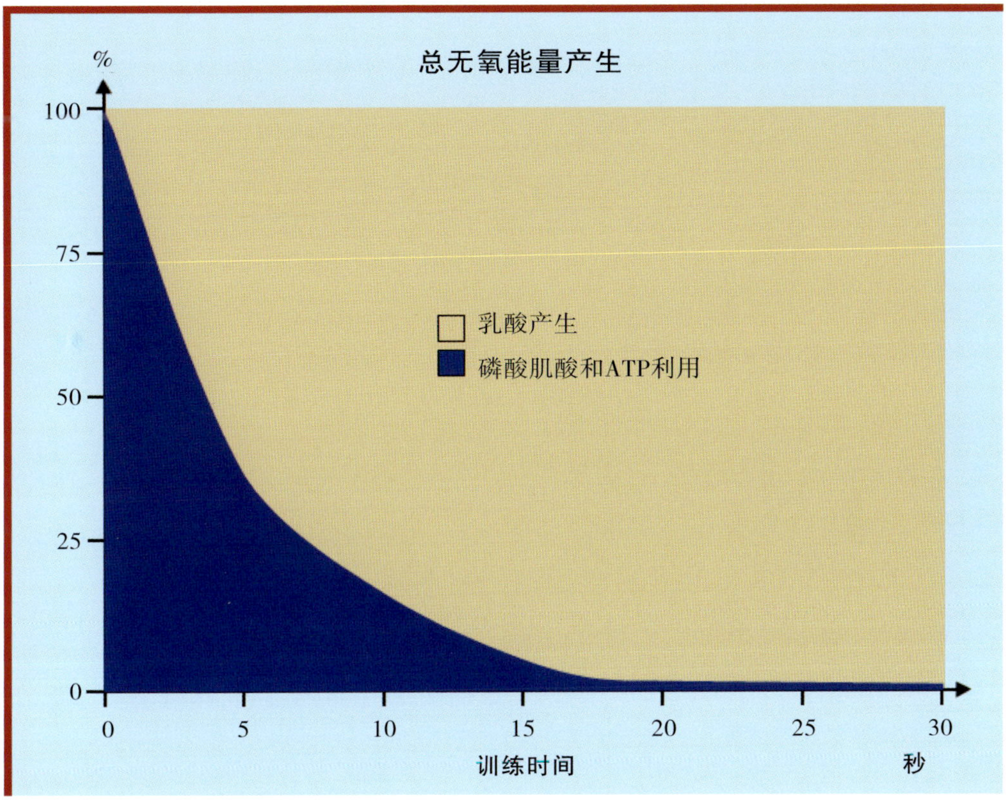

图8-2

短时间最大强度运动过程中从糖酵解和磷酸盐中的无氧能量产生。无氧能量总量等于100%。由糖酵解（产生乳酸）提供能量的比例随运动过程增加，从磷酸盐（磷酸肌酸与ATP）中提供能量的比例下降

重要的是，在6秒的最大强度做功过程中会产生大量的乳酸。然而，这个时间对于糖酵解达到其最大分解率来说过于短暂。有氧代谢供能同样是有限的。尽管呼吸频率和心率上升相对迅速，但氧向肌肉输送的速度延缓。因此，在非常短暂的运动（少于5秒）过程中肺的摄氧量并没有明显的提升。然而，做功时，可以利用局部存储的氧气（与肌红蛋白和血红蛋白结合的氧和在血液中自然溶解的氧）。不过，有氧过程只能为能量的释放提供适量的支持（数量上的）—— 在6秒最大做功运动中少于总能量供能的5%。然而，这种运动后，对于其他方面来说，相当数量的摄氧量被用来替换磷酸肌酸。

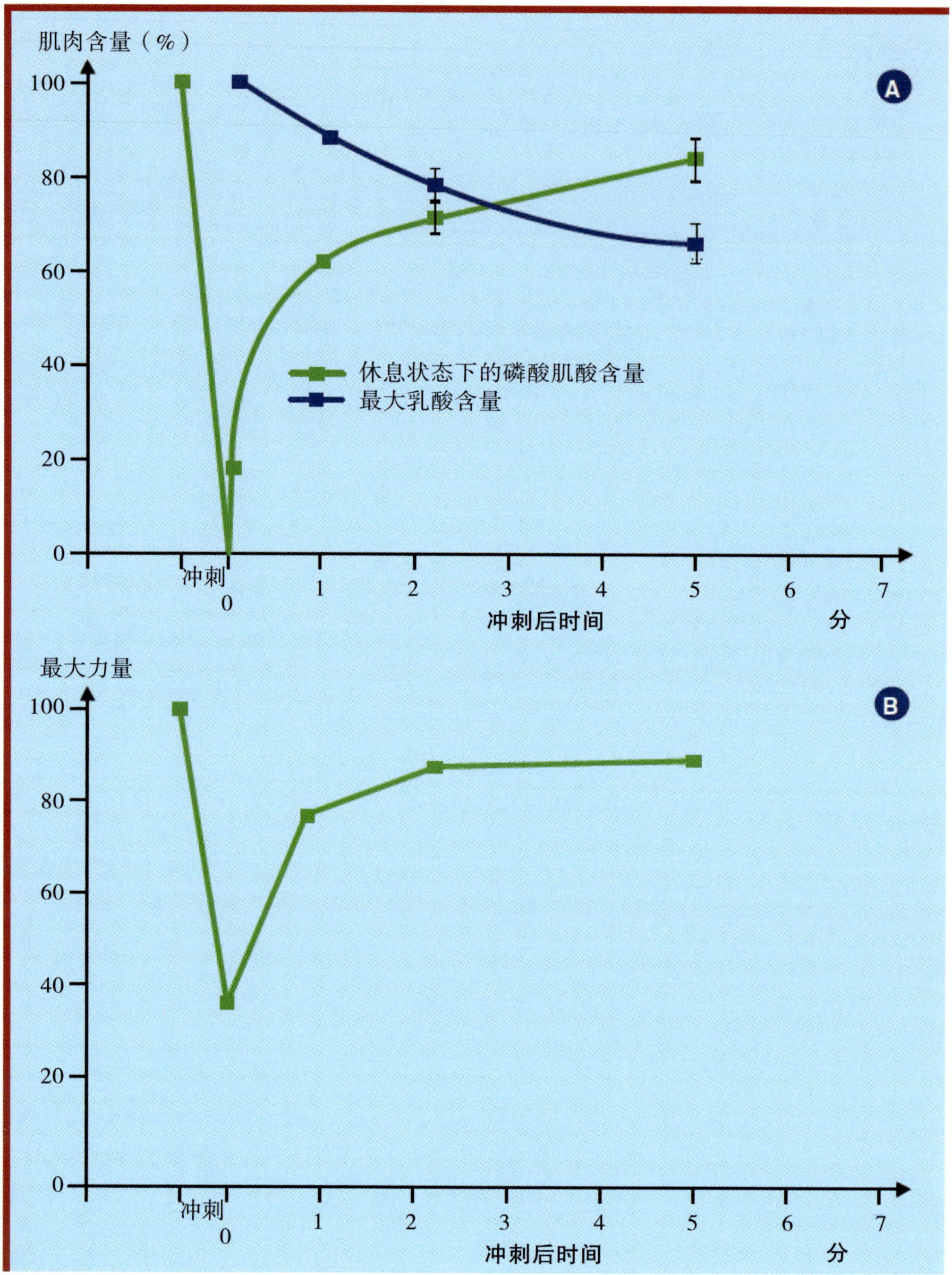

图8-3

30秒自行车冲刺后发力恢复和代谢活动。（A）磷酸肌酸的补充（CrP）和肌肉中乳酸的移除；（B）力量恢复。注意磷酸肌酸的补充和相应的力量恢复的出现。

超过10秒的高强度运动需要高转换率的ATP供能。心血管系统没有达到最大功能，磷酸肌酸存储逐渐殆尽。运动的持续时间越长，总无氧能量代谢中糖酵解的供能比例越高（参见图8-2）。在30秒的最大做功中，ATP和磷酸肌酸的降解只占到总无氧能量产出的20%，剩下的80%源于糖酵解。这种情况下，有氧能量产生占总能量产生的15%。在几分钟的超最大强度做功过程中，总能量产生中有氧部分占的比重更大。例如，在相当于肌肉峰值摄氧量110%的强度下单块肌肉进行3分钟做功的研究中发现，有氧代谢供能占总量的77%（图8-4）。

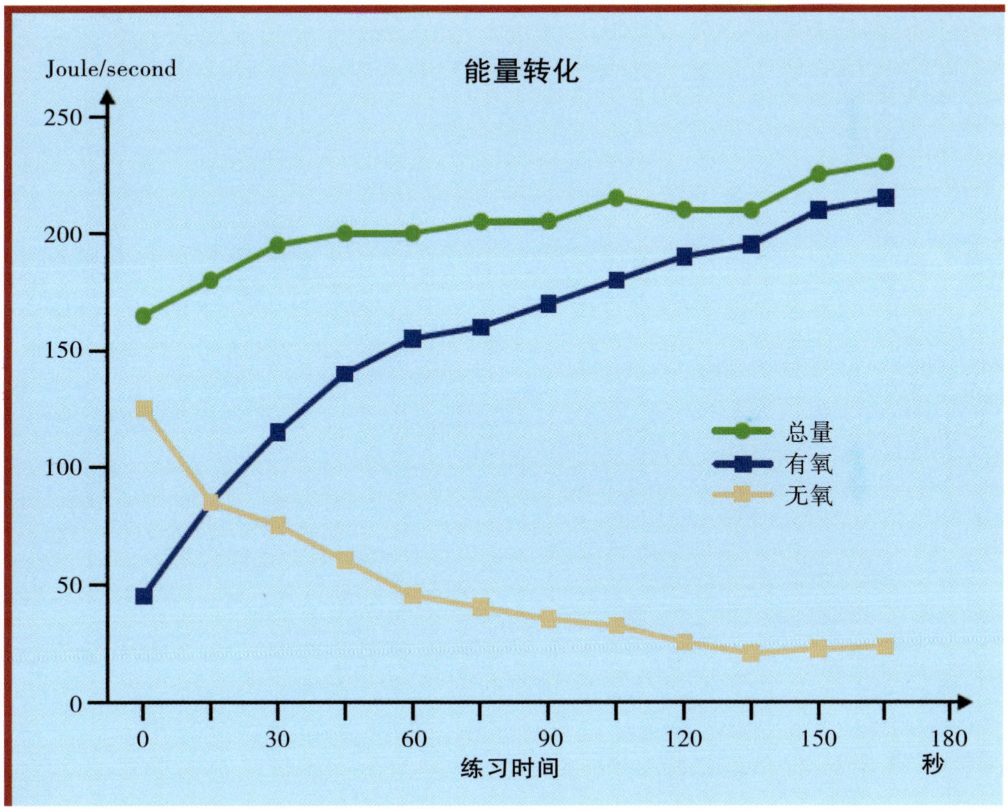

图8-4

超最大做功过程中的能量转换。单腿3分钟做功中的能量产出，总量（绿线），有氧（蓝线）和无氧（黄线），单腿最大摄氧量约110%的强度上至耗竭。有氧和无氧能量转换分别占总能量产出的77%和23%。注意总能量转换率在整个运动过程中不是恒久不变的。

间歇运动中的能量转换

在许多运动中如篮球和足球，参与者进行间歇运动，运动周期长短不一，运动强度及间歇时间也不一致（图8-5）。间歇做功同样应用在许多运动的训练中，因为间歇做功能够在训练课过程中实现最大强度的做功总量。

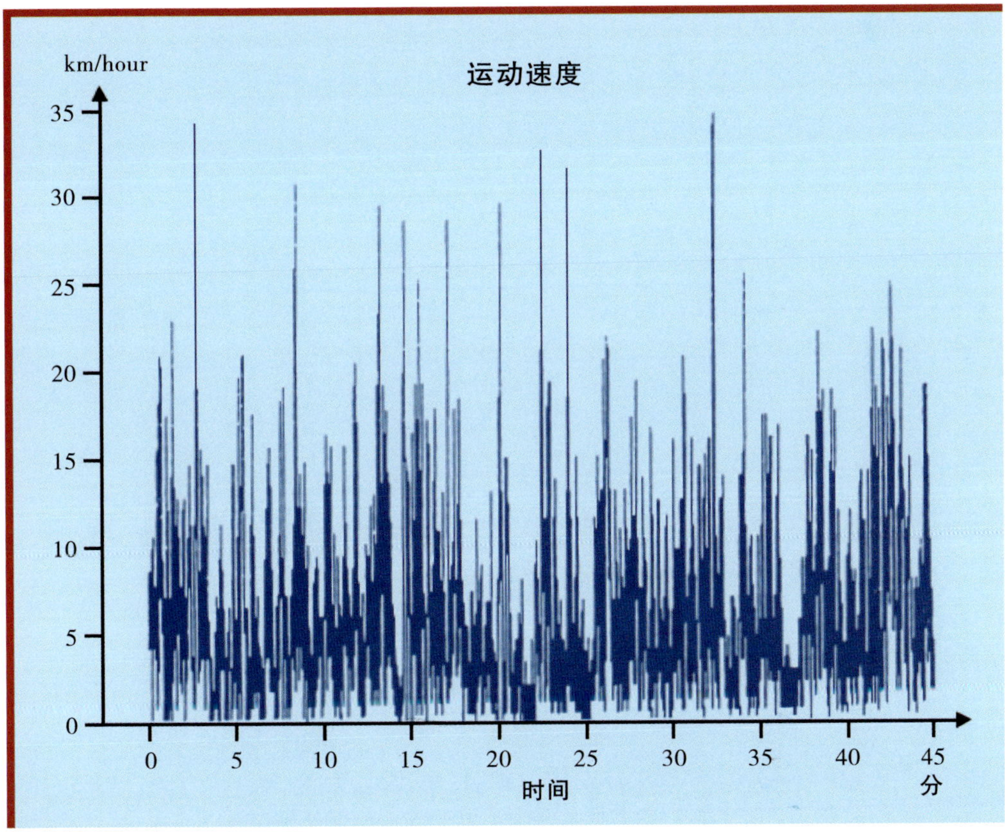

图8-5

比赛过程中足球运动员的速度。图中展示了球员进行45分钟（半场比赛）的间歇做功。高强度活动中穿插着低强度运动与休息阶段。

大量的科学研究显示，间歇运动中做功期的强度和时长是肌肉和血液中乳酸堆积与疲劳形成的关键因素（图8-6，参见图8-7）。在一项研究中（参见图8-6A），一人在自行车上进行高负荷做功。当测试人做功持续约3分钟后达到力竭。采用做功1分钟，恢复2分钟的交替形式，达到耗竭的时间延长到24分钟，总血乳酸量约为15毫摩尔/升。利用运动10秒，休息20秒的周期，测试者可以很轻松地进行30分钟做功，乳酸含量维持在3毫摩尔/升。因此，做功总量通过间歇运动方式得到增加，间歇运动的运动周期很短，但效果非常明显。

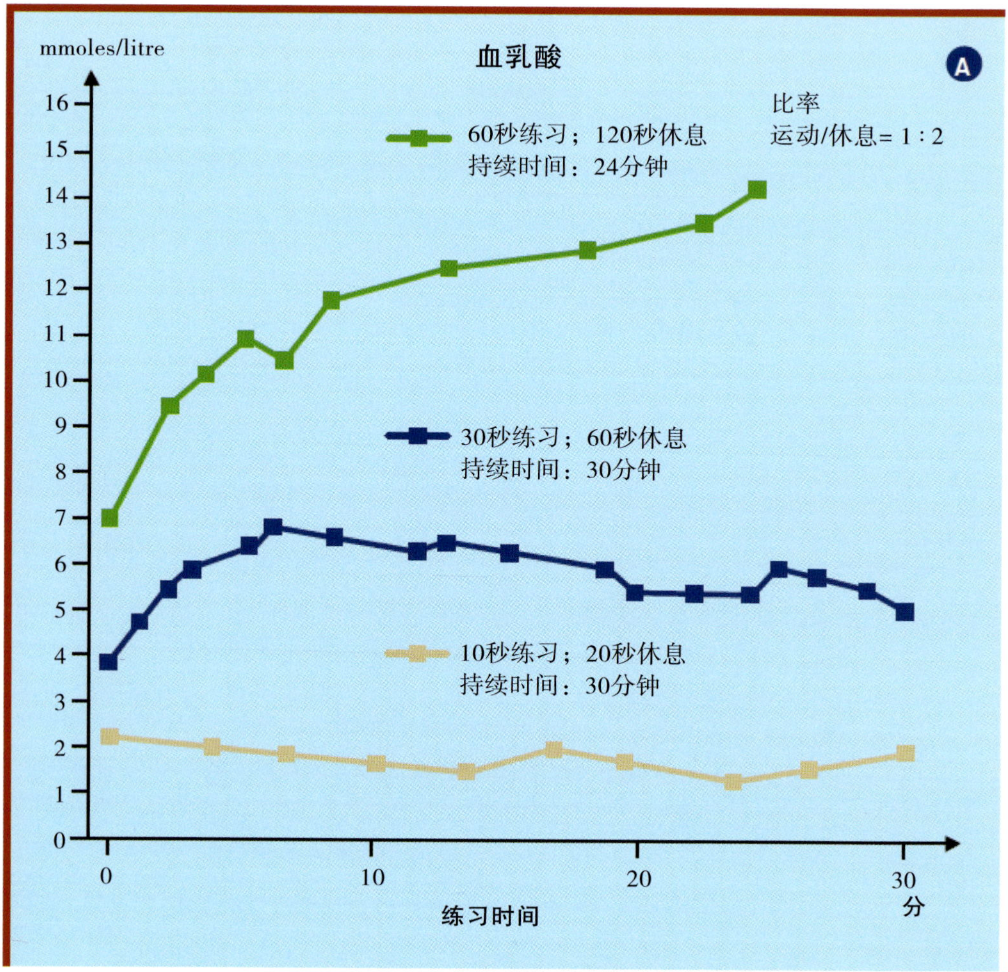

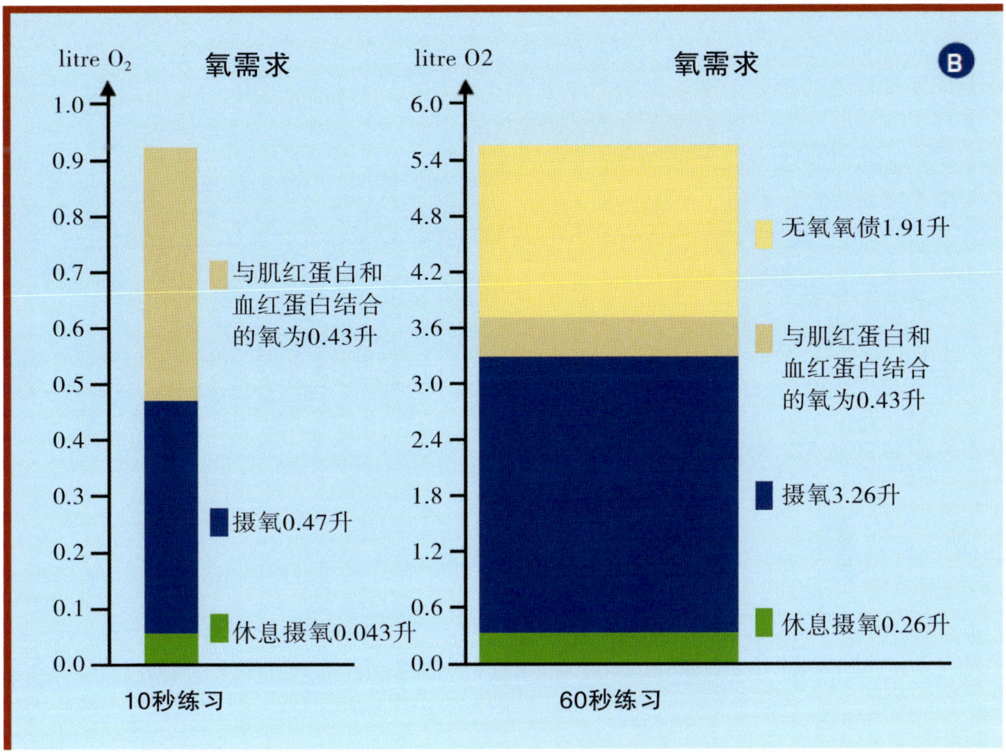

图8-6

间歇训练对血乳酸和氧需求的影响。（A）30分钟自行车练习中的血乳酸浓度，247千焦耳总做功，强度为412瓦〔特〕。3种间歇做功测试，时间分别为10秒、30秒和60秒，做功与休息比率同为1：2，当持续进行做功时，3分钟产生疲劳。在60秒运动过程中，24分钟后测试者达到耗竭。在10秒和30秒测试中，测试者可以完成全部30分钟的练习，同与60秒测试相比，血液中乳酸堆积偏低。（B）在10秒（左）和60秒（右）的做功周期内由不同物质提供的能量和氧需求。

在最大摄氧量以下强度进行短时间的间歇练习，能量需求的满足主要来自储存的ATP和磷酸肌酸的降解以及有氧代谢供能。在血红蛋白和肌红蛋白中储存的氧气主要用于有氧过程。在强度运动间的休息期，运输至血液的氧气被用于ATP和磷酸肌酸的再生成。糖酵解后分解成乳酸的供能作用很少，且做功相对容易进行（参见图8-6B）。

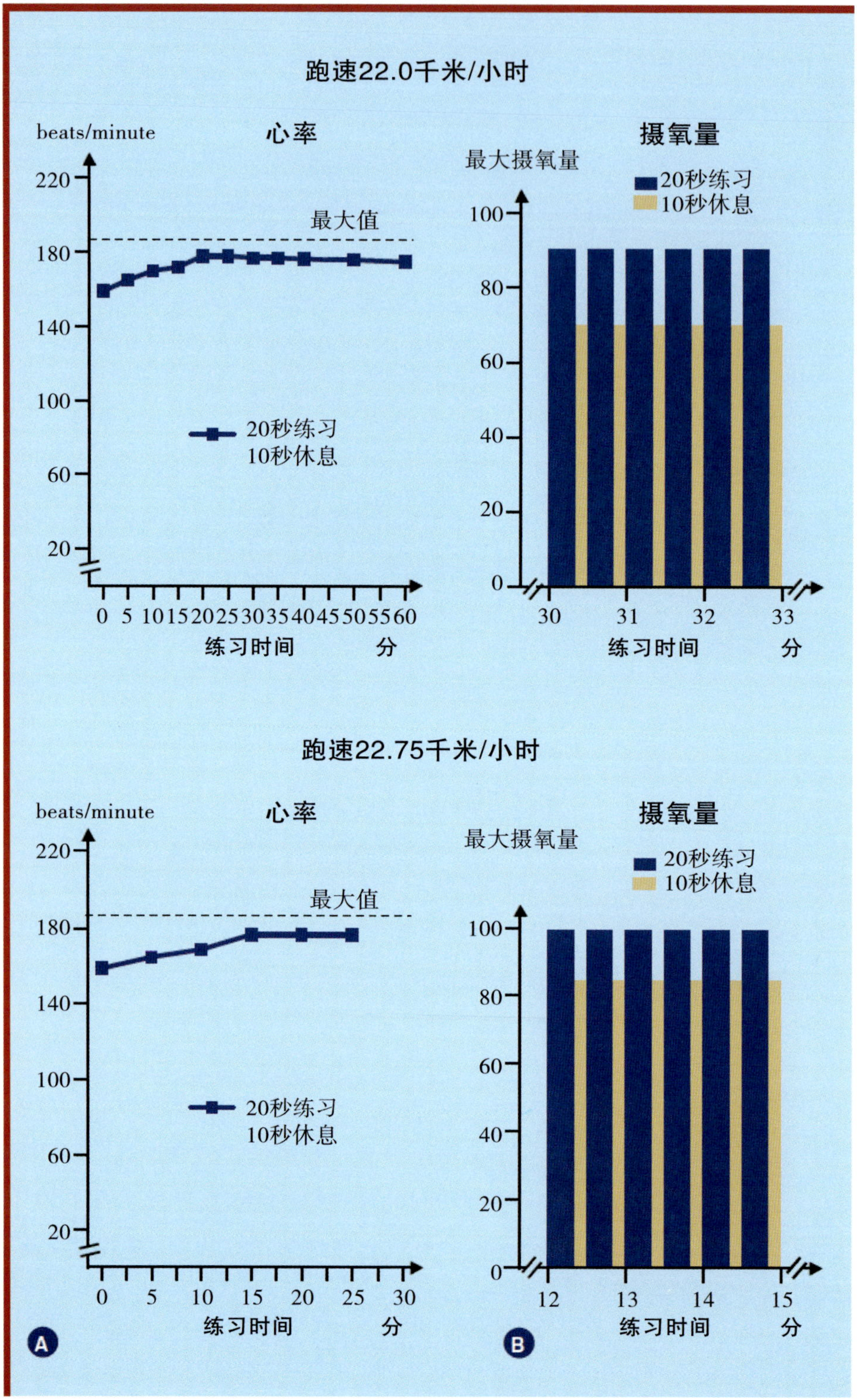
跑速22.0千米/小时
beats/minute
心率
220
180
140
100
60
20
最大值
20秒练习
10秒休息
0 5 10 15 20 25 30 35 40 45 50 55 60
练习时间
分
摄氧量
最大摄氧量
20秒练习
10秒休息
100
80
60
40
20
0
30 31 32 33
练习时间
分
跑速22.75千米/小时
beats/minute
心率
220
180
140
100
60
20
最大值
20秒练习
10秒休息
0 5 10 15 20 25 30
练习时间
分
摄氧量
最大摄氧量
20秒练习
10秒休息
100
80
60
40
20
0
12 13 14 15
练习时间
分
A
B

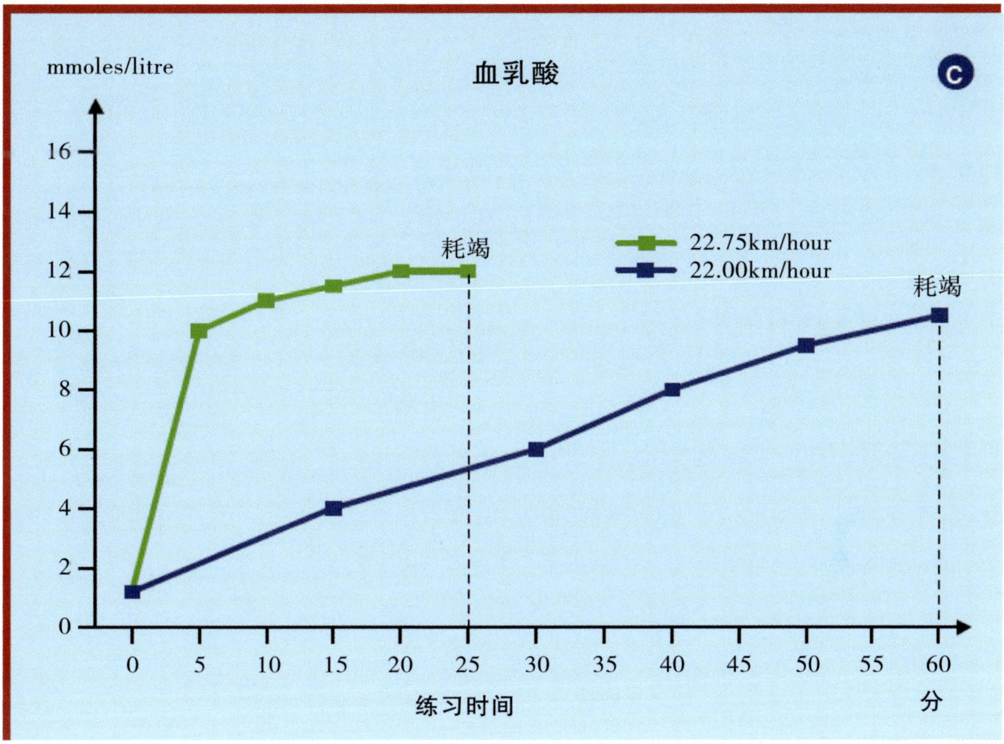

图8-7

运动强度对心率、摄氧量和血乳酸浓度的影响。测试者在跑台上进行短时间做功（20秒）并休息（10秒），跑速为22千米/小时和22.75千米/小时。注意摄氧量在22千米/小时速度上并没有达到最大（A），但在22.75千米/小时上达到峰值（B）。此外，到耗竭的时间减少了50%以上。尽管当在更快速度上跑动时血乳酸浓度（C）明显更高，最后的值相似。

在另一个实验中，测试者在跑台上采用跳上跳下的方式进行跑步，间歇休息10秒的循环训练，20秒间隔10秒休息。跑速为22.75千米/小时，以达到最大摄氧量，测试者只能进行25分钟的做功（图8-7）。当跑速稍稍放慢至22.0千米/小时，摄氧量约为最大摄氧量的90%，血乳酸浓度更低，测试者可以进行至少60分钟的做功。很明显，运动做功强度是能量转换和疲劳发展的关键。间歇做功过程中休息周期的长短是第二重要的，但延长休息时间，血液和肌肉中的乳酸将会更少地堆积。

在剧烈的间歇运动中，随着运动进行，运动能力逐步下降。同时，每个运动周期过程中乳酸生成量下降。举例来说，最大强度上进行6秒自行车冲刺实验，每次间歇30秒，重复10次，测试的结束阶段，做功能力下降了27%。在第10次冲刺的过程中总无氧代谢供能约为第一次冲刺的三分之一。在第一个做功周期中，糖酵解的含量约占总无氧代谢供能的50%，同样在第10次冲刺中供能减少了约16%（图8–8），同时乳酸生成量更低。

在间歇训练过程中每个运动期的开始阶段，由于氧气供给无法满足之前的能量需求而出现氧债。氧债的出现导致做功后摄氧量增加。因此，如果间歇的时间很短，摄氧量将在每个随后的做功周期前持续升高（图8–9）。研究已经表明，当重复进行剧烈做功时，肌肉中的摄氧量比率比做功开始阶段增加（图8–9）。这样，氧债减少。不过，在每个做功周期中总是有氧债出现，运动后氧债得以修复。重复进行只持续几秒的冲刺运动，同样导致每个做功周期后摄氧量增加。因此，有氧代谢供能在重复进行强度做功的过程中非常重要，尽管运动时间很短。

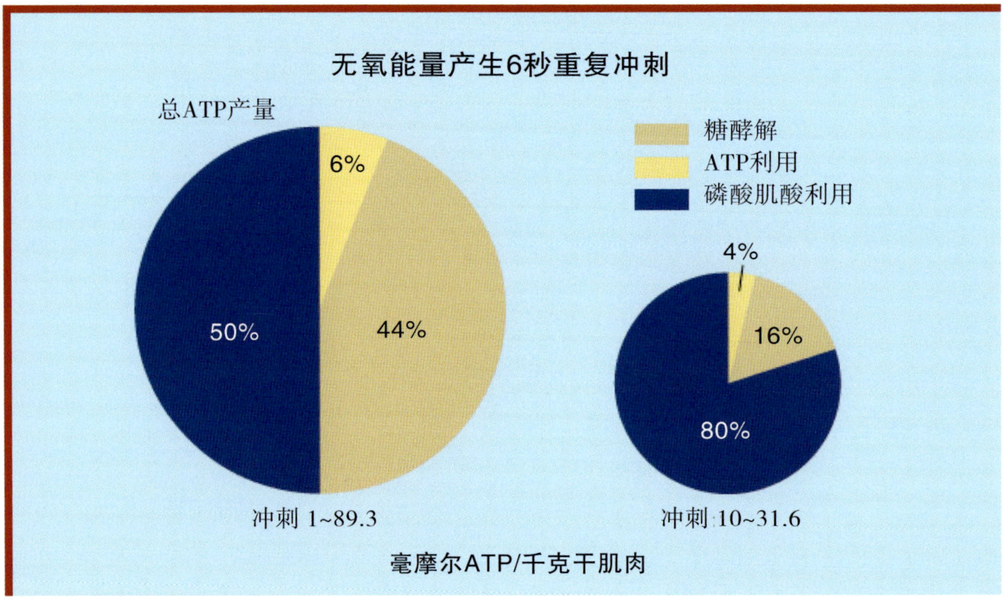

图8–8

第1次和第10次6秒自行车冲刺过程中，糖酵解、ATP和磷酸肌酸分解功能的比重和总无氧能量产生。注意总能量产生和糖酵解率在第10次冲刺时明显下降。

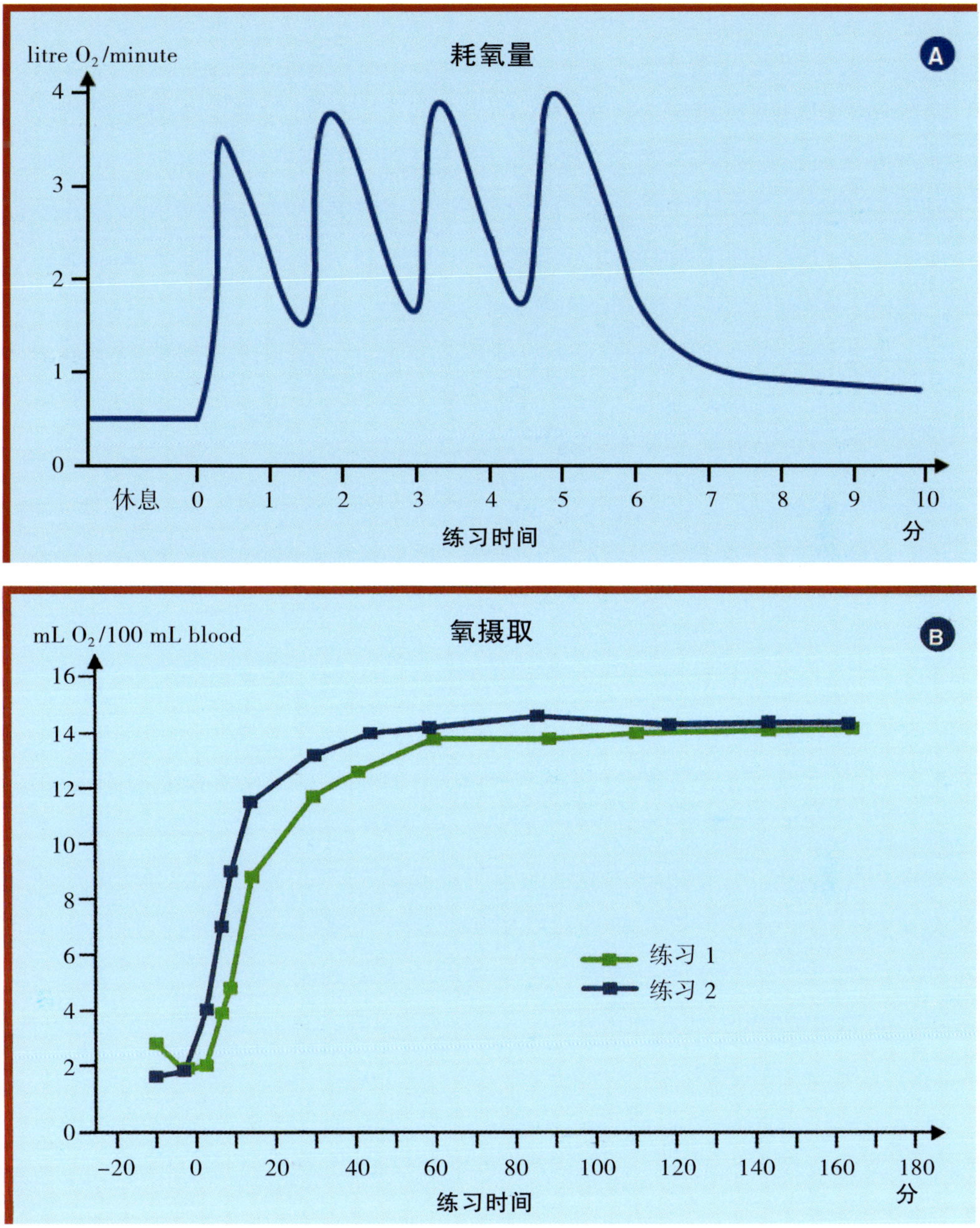

图8-9

剧烈间歇做功前和过程中的耗氧量与氧摄取情况。（A）耗氧量测试是由4组30秒做功（自行车）周期组成，组间歇60秒。注意耗氧在第二、第三和第四个做功周期前升高。（B）在3分钟单腿伸膝，间歇6分钟的强度运动过程中的氧摄取情况。注意氧摄取量的增加，因此耗氧量在第二次运动开始时比第一次运动更快。

间歇和持续做功中运用的肌纤维明显不同。在中等强度的持续做功中，主要由慢肌纤维参与活动，更高强度上做功则是慢肌与快肌纤维共同参与（超过最大摄氧量70%的强度）。因此，间歇训练主要锻炼快肌纤维，否则其只有在持续做功几小时后得以募集。这种效应将有利于那些频繁出现剧烈运动区间的运动项目。此外，在间歇运动中糖原的运用和乳酸的堆积较相同强度的持续做功来说更少。因此，在被募集的肌纤维出现疲劳之前，可以进行更长时间的训练。

重要的是在大多数间歇运动的科学研究中，做功强度和持续时间被刻意维持稳定，但在很多运动中，运动周期是不规律且随意的。因此，如果仅仅利用实验室里的研究对如球类比赛中体能需求和生理反应进行评估是很困难的。

运动中的能量转换

在大多数运动中，能量是由有氧和无氧过程提供的。为了制定和优化不同类型的训练，有必要掌握从不同能量物质而来的相关能量支持。然而，全身运动过程中对比进行准确的评估是不可能的，尽管这种评价通常被视为可信的。主要问题是测定无氧供能支持的难度。在很多运动中如球类比赛，由于做功强度在整场比赛中持续地发生变化，使分析难度进一步加大。此外，因个体能力的差异，技术和战术的局限，或许也影响着这些运动的能量需求。

在跑步和其他更稳定的、持续的运动中，展现在图8-10中的平均值可以被用来指导组织训练。在球类比赛和其他高强度间歇运动的项目中，观察及获取在比赛中的生理指标，对于能量需求评价的构成来说是必不可少的。

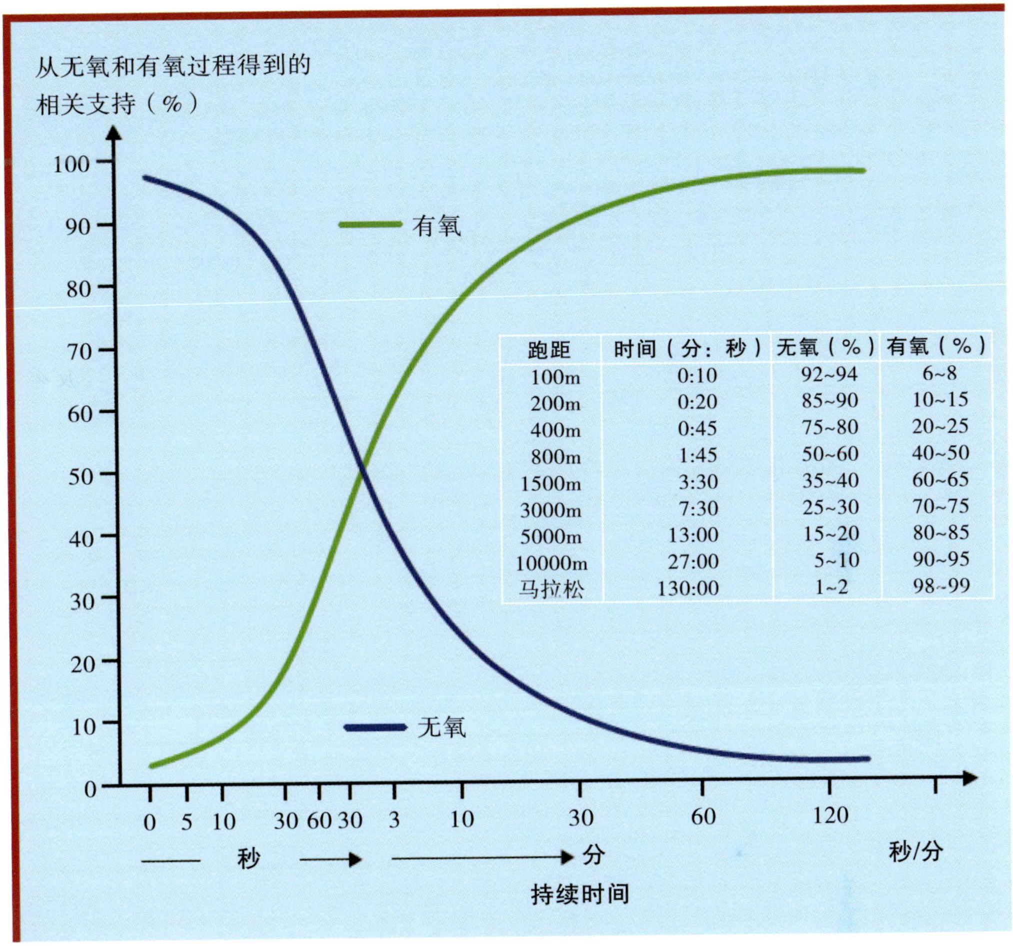

跑距	时间（分：秒）	无氧（%）	有氧（%）
100m	0:10	92~94	6~8
200m	0:20	85~90	10~15
400m	0:45	75~80	20~25
800m	1:45	50~60	40~50
1500m	3:30	35~40	60~65
3000m	7:30	25~30	70~75
5000m	13:00	15~20	80~85
10000m	27:00	5~10	90~95
马拉松	130:00	1~2	98~99

图8－10

当做功强度与持续时间呈最大相关时，不同跑动距离通过有氧和无氧过程生成能量的支持比重。图中值是经受良好训练的运动员的平均值，但个体间也存在明显差异。

总结

运动过程中供能系统的使用取决于运动的类型、持续时间和强度。在非常剧烈短暂的运动过程中，无氧过程首先成为能量来源，但在较长的持续运动过程中，由有氧代谢主导。除了运动强度，运动持续时间和间歇运动过程中的恢复周期，也决定了不同能量供应系统的供能比例。在少于几秒的运动周期中，乳酸产生受限，但在更长时间的剧烈运动周期中会大量产生。

学习任务

复习题

1. 什么是氧亏？

2. 氧不足情况下，能量是怎样生成的？

3. 什么是氧债？

4. 在相当于最大摄氧量强度的运动过程中能量如何产生？

5. 最大强度6秒一组的运动中能量物质是什么？每一种物质的相对支持比重是多少？

6. 3分钟一组的强度运动中无氧和有氧过程的能量支持如何？

7. 间歇训练中运动周期的时间如何影响血乳酸的反应？

8. 重复强度运动怎样影响糖酵解率？

9. 在间歇运动中哪些肌纤维得到募集？与持续运动过程中的募集情况相比较如何？

10. 为什么以10秒做功，20秒休息的间歇运动能进行一小时的做功，而相同强度下的持续做功只能维持3分钟？

11. 解释在10秒为周期或30秒为周期的间歇运动过程中能量产生的区别。

计算题

一位体重60公斤的女子进行10秒的最大强度自行车运动。在做功的前后从大腿肌肉中取活体组织。测试结果记录如下：

能量物质	做功前肌肉含量（毫摩尔/千克肌肉）	做功后肌肉含量（毫摩尔/千克肌肉）
三磷酸腺苷	5	4
磷酸肌酸	20	10
乳酸	1	11

1. 计算每千克肌肉的无氧能量产生。
2. 评估机体的总无氧能量产生。

9. 运动中的底物应用

本章讨论的是运动过程中各种底物如何用来产生能量。

运动中底物利用的测定

碳水化合物和脂肪是运动的主要能量物质。碳水化合物和脂肪的转换可以用呼吸商（RQ）来进行比较，呼吸商是氧气消耗和二氧化碳生成间的比率：

呼吸商 = 二氧化碳生成/氧气消耗

运动过程中，呼吸商需要通过肌肉收缩得以测量。然而，在静息状态下，可以通过采集和分析受试者呼吸中氧气和二氧化碳的含量进行测定，因为在这种情况下，呼吸商将等同于呼出二氧化碳与摄入氧气量的比率。后者称为呼吸交换系数（R或RER）：

RER = 呼出的二氧化碳量/氧的摄入量

呼出的二氧化碳量（$\dot{V}CO_2$）可以通过与氧消耗相同的原则进行计算（参见第4章）。呼出的气用来分析二氧化碳含量，以及测定单位时间内的呼气量。吸气与呼气间二氧化碳含量的差异可以测定二氧化碳的产生比率：

呼出二氧化碳量 = $(\dot{V}_E \times F_ECO_2) - (\dot{V}_I \times F_ICO_2)$

式中$\dot{V}_E$是单位时间内的呼出气量；F_ECO_2是呼出空气中的二氧化碳的比重；$\dot{V}_I$ 是单位时间内吸入空气量；F_ICO_2是吸入空气中的二氧化碳的比重，通常约为0.03%。$\dot{V}_I$可以假设为等同于$\dot{V}_E$，或按第4章所描述的来进行计算。当呼出二氧化碳量得以评估，呼吸交换系数可以通过$\dot{V}CO_2 \div \dot{V}O_2$计算得出。

如果纯脂肪作为底物，呼吸商为0.70，如果碳水化合物单独地进行氧化，呼吸商为1.00，测算如下：

脂肪燃烧：$C_{15}H_{31}COOH + 23O_2 \rightarrow 16CO_2 + 6H_2O$

呼吸商 = $\dot{V}CO_2 / \dot{V}O_2 = 16/23 = 0.70$

糖原燃烧：$C_6H_{12}O_2 + 6O_2 \rightarrow 6CO_2 + 6H_2O$

呼吸商：$\dot{V}CO_2 / \dot{V}O_2 = 6/6 = 1.00$

如果呼吸商在这些极值间的某处下降，能量则通过碳水化合物和脂肪底物的混合形式进行释放（表9-1）。

表9-1　不同比例的脂肪和碳水化合物消耗时所计算的呼吸商

呼吸商（RQ）*	相应的支持比（%）	
	脂肪	碳水化合物
0.70	100	0
0.75	84	16
0.80	67	33
0.85	49	51
0.90	33	67
0.95	16	84
1.00	0	100

* 计算中并没有计算同样作为能量物质的小部分蛋白质。

利用公式对运用脂肪和碳水化合物的百分比进行计算：

%碳水化合物 =【（RQ − 0.7）/ 0.3】× 100%

%脂肪 =【（1 − RQ）/ 0.3】× 100%

与呼吸商不同，呼吸交换系数通过对呼出空气的分析可以测定，在剧烈做功过程中可高于1.0。这个结果来自强度运动过程中二氧化碳从血液中的碳酸氢盐离子【$(HCO_3)^-$】中脱离，意味着呼出的二氧化碳较细胞代谢本身产生的更多。因此，摄氧中呼出二氧化碳的比率值将大于1.0。实践过程中，当最大摄氧量在做功测试中测得，RER的值将必须上升至1.05以确保测试人完成足够的做功强度。

不同类型运动中的底物运用

运动中碳水化合物和脂肪消耗间的关系取决于几个因素（图9-1）：

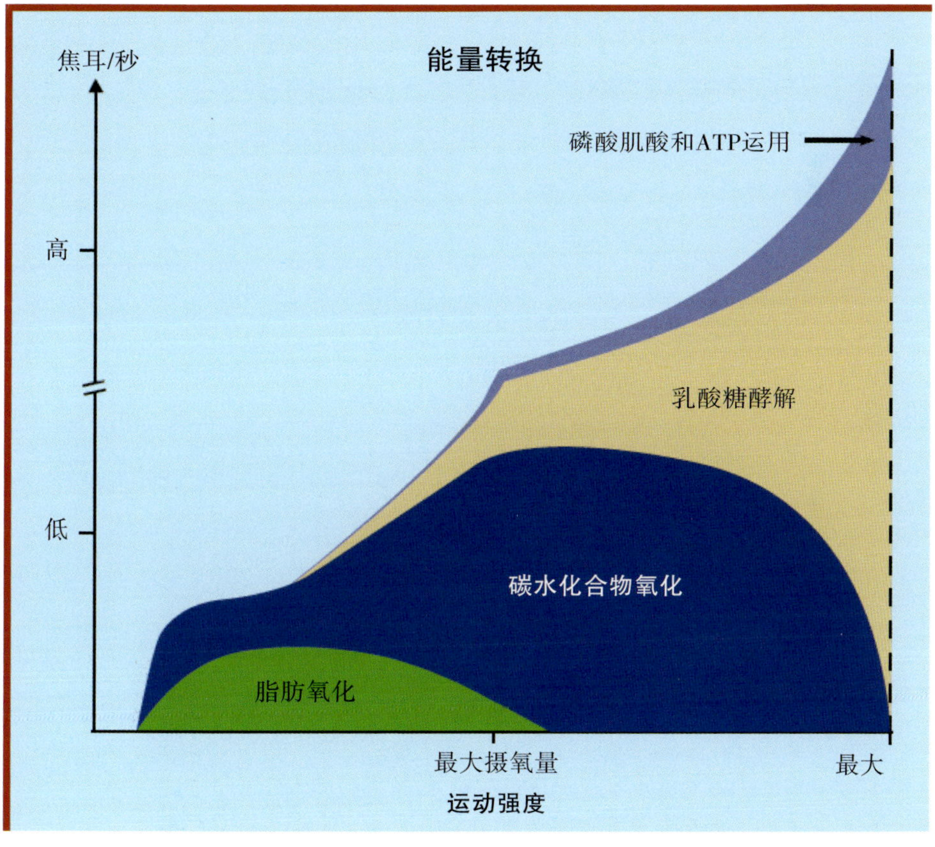

图9-1

相应做功强度上脂肪和碳水化合物降解中得到相应的能量支持。在低做功强度上，能够坚持长的做功时间，大部分由脂肪氧化提供的能量支持（绿色区）。在接近最大强度的状态下，只能维持几秒钟的做功，无氧能量物质ATP和磷酸肌酸（紫色区）以及导致乳酸生成的糖酵解（黄色区）成为提供能量的主要底物。在这些值中，最重要的能量物质是糖原的有氧利用（蓝色区）。然而，个体间出现很大差异，这是由于不同的训练水平所引起的。不同底物的能源支持同样取决于既定做功强度上的持续时间。

- 运动强度
- 运动持续时间
- 体能水平
- 运动前数小时或数天的饮食

在日常混合的饮食状态下，呼吸商在休息时下降至0.80～0.90，但如果人体摄入了高碳水化合物饮食，呼吸商也许会高于0.90，因此，能量代谢会受食物构成的影响。

在休息时和短时间的简单做功状态时呼吸商是类似的。在日常混合饮食下，脂肪和碳水化合物的转换几乎相等，呼吸商为0.85，随着运动强度增加，碳水化合物的消耗也相对增加（图9-2），呼吸商接近1.00。 在高负荷做功时，肌肉的氧气供给成为限制因素。因此，碳水化合物的高比例燃烧发生作用，对于氧气的利用，碳水化合物是比脂肪更为经济的底物。这样，从碳水化

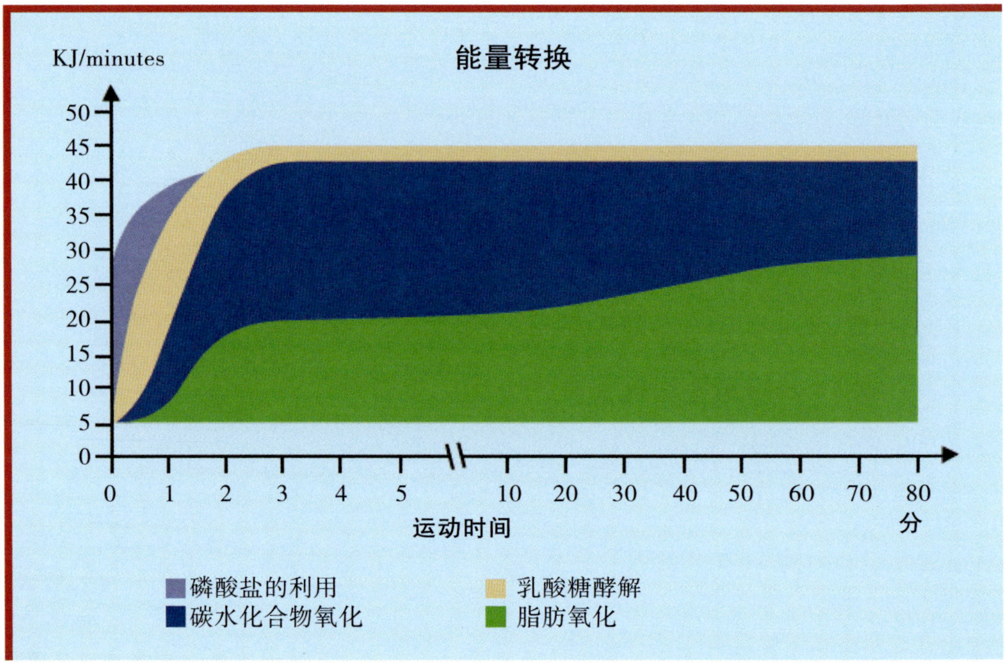

图9-2

做功强度为最大摄氧量60%的情况下，由乳酸糖酵解、脂肪、碳水化合物和磷酸盐降解得来的相应能量支持。注意随着运动的进展，从脂肪得到的能量支持逐渐增加（呼吸商下降）。

合物（如糖原）中合成1毫摩尔的ATP仅需要3.5升的氧气，而脂肪则需要用3.9升的氧气来产生相同数量的ATP。因此如果氧气是限制因素，最好通过碳水化合物的燃烧来使氧利用达到最佳。

在更高工作强度上乳酸产量的增加导致了呼吸商（呼吸交换系数）的升高，因为乳酸与碳水化合物相似，都要以呼吸商（1.00）来进行燃烧。活动与休息肌群，还有如心脏、肝脏和肾脏这些器官均利用乳酸作为底物。乳酸同样抑制脂肪的动员，这样就在高强度运动时限制了脂肪的氧化。因此，在短时间超最大强度运动中，碳水化合物几乎被当作唯一底物来进行运用。

在既定的能量输出上进行长时间的做功时，从机体脂肪组织中动员脂肪比例逐渐增加，使得如肾上腺素和生长激素，这些血液中的激素水平升高。体内脂肪组织中脂肪的利用逐渐升高。与此同时，呼吸商逐渐下降（参见图9-2）。因此，脂肪的氧化逐渐在总能量转换中占了大量比重。脂肪燃烧节省了储存在肌肉中有限糖原的利用且减少了从血液中葡萄糖的摄取。尤其在低强度做功过程中（相当于最大摄氧量的40%～50%），通过肌肉节省储存在肝脏中的糖原而使得从血液中汲取的葡萄糖数量减少，从而确保为脑提供足够的葡萄糖供给。因为脑只能通过血液中提供的葡萄糖（乳酸）燃烧来产生能量，这种葡萄糖节省效应是很重要的。然而在超过几小时的运动中，血液葡萄糖降得很低，运动不能维持。运动中摄入碳水化合物补液可以推迟这种状态出现的时间。

在长时间运动中，脂肪在氧气利用方面碳水化合物的低经济性在实际上并不是那么重要，因为做功强度从未达到摄氧量的极限。实际上，脂肪储备明显大于碳水化合物的储存（参见表8-1），所以大量的脂肪可用来燃烧。脂肪是很好的储存能量的物质，1克脂肪包含（39.4KJ）超过1克碳水化合物一倍的能量（17.7KJ）。通过氧化脂肪产生能量的不利处是，如果只通过脂肪的氧化，那么做功的强度只能达到最大摄氧量的50%。然而，实际上机体不可能只燃烧脂肪，无论做功的持续时间长短，还是多低水平的运动强度。为了完成脂肪的氧化，一小部分碳水化合物需要燃烧（相当于大约总能量产生的1%）。几项研究显示，在同等做功负荷下女子较男子燃烧相对更多的脂肪。这种现象可能与女子（普遍）拥有更多的慢肌纤维成分有关，这些肌纤维氧化脂肪的能力很强。

有氧训练对次最大强度做功中能量代谢的影响

一段时间的有氧训练提高了氧化酶，如柠檬酸酶（CS）和琥珀酸盐脱氢酶（SDH）的活性（浓度），两者均包含于三羧酸循环中（参见图6-1）。此外，毛细血管化的增加（每面积毛细血管数量）为血液和肌肉间物质的扩散提供了更大的表面积和更短的距离，扩散率因此上升。主要功能结果是增加了酶活性，线粒体和毛细血管化的数量，使得脂肪氧化提高（图9-3）。一名经受过有氧训练的人比未经受训练的人能够燃烧更多的脂肪，在相同条件下和相应的运动强度上，能够节省有限的糖原储存。同样，通过训练，肌糖原水平得到提高。因此，这些改变增加了存储物质排空前的时间，换句话说，在既定的时间内经受训练的人可以完成更多做功（如在一场篮球比赛期间）。有氧训练后线粒体和酶的改变同样降低了相同条件下与相应做功负荷上的血乳酸水平和肌肉中的乳酸生成量（参见图7-7）。

通过长时间的有氧训练，可以改变机体激素的产生和激素的效应，尤其是胰岛素和肾上腺素。有氧训练后胰岛素刺激肌肉摄取糖原的能力提高，这意味着机体只需要生成少量的胰岛素就可以完成一定的碳水化合物的摄取（如胰岛素的敏感度增加）。因此，生成胰岛素的胰腺不需要对既定的糖摄入释放出相应量的胰岛素。这种效应非常有用，因为经受训练的人较常人来说消耗更多数量的碳水化合物。有氧运动同样对肾上腺产生影响，将扩大和提高肾上腺分泌肾上腺素的能力。然而在次最大强度做功期间，一段时间的训练后肾上腺素的产量开始减少，这帮助降低了肌糖原的消耗。

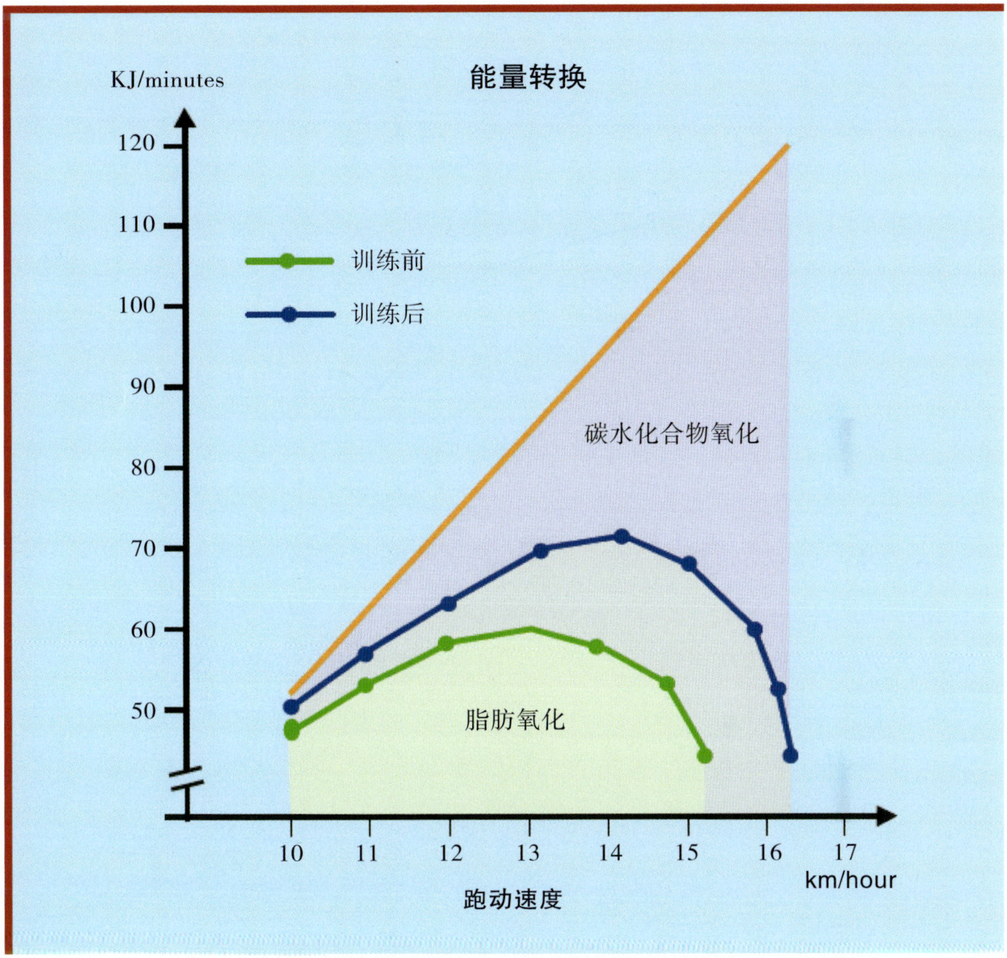

图9－3

在一段时间次最大强度的有氧训练前（绿线）后（蓝线）从脂肪（黄线）、碳水化合物（紫色区）的降解中获得的能量支持。通过训练获得更高的酶活性，且线粒体和毛细血管数量增加，提升脂肪代谢的比重，减少了既定跑动速度上肌糖原的运用和乳酸的产生。

总结

碳水化合物和脂肪对于运动中的能量产生是非常重要的。这两种物质的供能比例可通过呼吸交换系数（RER）的测定得以评估。在中等强度的恒定运动中，RER等同于呼吸商（RQ）。在长时间的运动过程中，脂肪的氧化逐渐增加，对肌糖原的利用下降。一段时间的有氧训练增加了在次最大强度运动中的脂肪氧化，减少了肌肉中乳酸的产量和血乳酸浓度。此外，长时间的训练周期产生了胰岛素节省效应。

学习任务

复习题

1. 什么是呼吸交换系数？运动强度如何改变呼吸交换系数？
2. 为什么脂肪是储存能量的有效方式？
3. 当持续进行中等强度运动时，物质运用如何变换？
4. 一段时间的有氧训练如何影响运动过程中物质的运用？

计算题

1. 一位体重80公斤的人，最大摄氧量为5升/分。计算在等同于60%最大摄氧量强度上能够做功多长时间（能量转换=0.4毫摩尔ATP/千克湿体重），如果能量只由如下方面产生：

A. 利用磷酸肌酸（CrP）

B. 糖原到乳酸的降解

C. 糖原到丙酮酸盐的降解，然后氧化

2. 如果RQ如下，计算相应的脂肪和碳水化合物比率：

A. 0.72

B. 0.76

C. 0.81

D. 0.86

E. 0.97

【不计算同样作为能源物质使用的蛋白质成分】

3. 一人在自行车功率计上以150瓦〔特〕的负荷进行运动。在平稳阶段，道格拉斯包对呼出空气的采集为70秒，然后进行分析。结果显示，包中含80升空气，呼气中氧气的比重（F_EO_2）和呼气中二氧化碳的比重（F_ECO_2），分别为0.165和0.045，计算：

A. 通气率（$\dot{V}_E$）

B. 摄氧量（$\dot{V}O_2$）

C. 二氧化碳产量（$\dot{V}CO_2$）

D. 呼吸交换系数（RER）

E. 相对碳水化合物消耗

10. 温度控制

环境条件和温度可以影响运动表现。如湿度、风速、空气和温度都是影响机体与外界进行热交换的重要影响因素。因此，涉及体温调节的因素（如血流的分配及排汗水平）均处在持续的变化中。人体的平均体温约为37℃，基本上不受外界温度影响。哺乳动物共有的这种特征使冬季和夏季的活动水平相似，而冷血动物的活动水平会受周围环境温度的影响。人类需要保持恒定的体温，部分原因是为细胞提供合理稳定的生存条件。由于大脑和酶的活性对温度具有一定的依赖性，所以人类需要保持恒定的体温。通常，在37~41℃时机体中所有生化反应的速度都会随着温度的升高而增加。如果温度超出此范围，则生化反应的速度会下降。身体通过不断调整热量的流失与产生来控制机体的温度。然而，在运动过程中体温会升高，这取决于相对的运动强度。一般条件下，如果运动强度非常高且环境温度也较高，则机体的温度可能升至40℃。

环境中的热交换

机体与环境间的热交换出现了四个生理过程：传导、辐射、对流和蒸发（图10-1）。

通过传导进行热交换是通过不同温度的物体之间直接接触发生的。热量从较热的物体（如身体）传递到较冷的物体。例如，在冷水中游泳或坐在寒冷的地板上时，身体会因传导而散失热量。

辐射则取决于表面温度与环境各部分温度之间的差异。人体从比身体表面更热的物体（如阳光）吸收热量，并在凉冷的体育馆比赛时将热量释放到较冷的物体（如墙壁）上。在这两种情况下，中间空气的温度均保持不变。

当空气流过皮肤时会通过对流进行热交换。空气与皮肤接触时会改变其温度和密度（即每单位体积的分子数）。当空气被加热时，它变得更轻（密度较小），而当它冷却时则变得更重（密度更高）。在这两种情况下，都会除去一些空气，使之不再与皮肤接触，取而代之的是新空气。如果空气比体表温度低，它将从人体吸收热量，如果环境温度高于身体表面，则身体会吸收空气中的热量。当空气速度增加时，对流的热交换效果显著增加。例如，当使用风扇时，皮肤表面的空气会被迅速清除，新的空气会迅速将其取代，这就是为什么在炎热的夏季还会流失热量的原因。在跑步过程中当空气迅速吹过身体时，释放热量要比获得热量容易得多。

体液的蒸发过程只会导致热量流失。蒸发从皮肤表面和呼吸道内层开始。当汗腺变得活跃时，液体转移到皮肤表面。当液体（汗液）蒸发时，它转化为水蒸气，热量从皮肤散失，从而降低了人体表面的温度。但是，如果汗液保持液体状态并仅滴落到身体上，则不会发生热量流失。将汗液转化为水蒸气所需的能量为2400 KJ/L。皮肤表面的蒸发是人体流失热量的主要形式，但蒸发也

图10-1

人体与环境间进行热交换的四种方式。身体只能通过蒸发的过程流失热量。然而，身体可以通过传导、辐射和对流来吸收和释放热量。

可以通过呼吸发生。例如，在炎热的环境中剧烈喘气的狗，它们缺少汗腺来蒸发掉热量，并且其身上的毛发也阻碍了热量散失。所以气喘使空气迅速穿过潮湿的呼吸表面，从而使蒸发散热最大化。

空气流动能够使水蒸气从皮肤上散失，空气流动使干燥的空气与潮湿的皮肤接触。空气流动越多（即风越多），蒸发速率就越大。在炎热的环境中，蒸发是散热的主要方式。并且，如果环境温度高于皮肤温度，则蒸发是唯一的方式。在这些情况下，湿度（空气中的水蒸气含量）会极大地影响蒸发速度。如果湿度很高，则空气中几乎会充满水蒸气。因此，由于空气无法容纳更多的水分，皮肤的蒸发会大大减少。即使相对湿度为100%，一些汗液也会蒸发，但是皮肤温度（35~36℃）必须高于环境温度。在这种情况下，皮肤和空气之间的蒸汽压差对于蒸发至关重要。饱和点的水蒸气压力取决于温度：温度越高，压力越大。所以，如果皮肤温度比空气温度高，则皮肤表面的饱和水蒸气压力会更高，并且汗水会蒸发，而与湿度无关。

运动中的热交换

在运动过程中，热量的产生主要是由于收缩肌肉的能量转换。在短时间大强度的运动中，发热量可能会增加15～20倍。在长达几个小时耐力运动中，发热量可能比静止时的发热量高6～8倍。热量从肌肉传递到血液，并通过心血管系统散布到整个身体。大部分热量释放到环境中，但有些热量会提高体温。体温的升高取决于相对的运动强度。在约50%$\dot{V}O_2max$的强度下，体温可升至约38℃。在最高强度的运动中，体温可能会达到40℃，工作肌的温度可能会上升到42℃。尽管较高的温度可以改善肌肉的工作能力，但为避免过热，大部分热量必须从体内散发。

在运动过程中，热量的流失主要是通过汗液的蒸发。汗腺活动的增加使皮肤表面产生更多的汗液，从而增加了蒸发速率并冷却了皮肤表面。汗腺在运动过程中也表现得更加活跃，从而提高了汗腺快速产生汗液的能力。汗液产生速率的增加降低了汗液中电解质（盐）的浓度，从而最大限度地减少了人体盐分的流失。

皮肤表面的温度可以通过皮肤血流的改变而发生变化。运动过程中，皮肤的血管直径增加（称为扩张），大量高温的血液到达皮肤，然后会由于对流和放射而增加热量的损失。因此在运动时，肌肉和皮肤都需要增加血流量，并且心输出量也必须相应增加。在炎热的环境中，需要更多的热量散失，所以心律将高于“正常”温度下的心律。

在炎热的环境中，皮肤与周围环境之间的温差很小。因此在工作时，对流和辐射散失的热量减少了。实际上，在高于36℃的温度下可能会通过这些过程吸收热量。因此，汗液的蒸发变得更加重要。在温暖的条件下进行运动时，每小时通常会产生1.5～2L的汗液，在极端情况下（如在沙漠环境中运动），每小时最多可产生4～5L的汗液。由于摄入液体的吸收速率约为1.2升/小时，因此在高温下长时间运动时不可避免地会发生液体损失（脱水）。由于产生汗液的液体部分来自血液，因此血液量会下降。这会减少心脏每搏输出量（每搏心跳所抽出的血液量），然后导致心率增加以维持心输出量（图10–2）。1升的体液损失相当于体重的1%～2%，其可能会使心率增加10次/分。然而，在长时间的运动中，心率的这种增加无法弥补每搏输出量的减少，因此心输出量下降，从而导致运动表现下降。

在某些情况下，运动时释放的热量无法跟上热量产生的速度，从而导致体温显著升高和中暑的风险。体液大量流失可能导致血压降低，再加上体温升高，会导致强烈的身体不适。如果体温升至41℃或更高，则可能会中暑，从而影响大脑活动，导致功能受损甚至失去知觉。中暑严重影响身体功能的调节，必须立即进行治疗，因为它危及生命，并可能导致永久性脑损伤或耐热性受损。

在寒冷环境中工作也会影响温度调节和运动表现。低温会导致皮肤血管直径减小（收缩）而导致皮肤温度下降，从而降低对流和放射引起的热量损失。环境温度的进一步降低激活了机体的产热机制。在早期阶段，肌肉张力增加，然后发抖，新陈代谢率受到激素刺激而上升。这些反应弥补了热量的损失，可以保持体温平衡。

维持体温平衡还取决于活动的水平和衣服的类型。在寒冷的环境中，温度调节主要是一个技术问题。为了适应环境温度，可以多穿衣服（用于隔热）或增加活动水平（通过肌肉收缩产生热量）。寒冷环境对运动表现最常

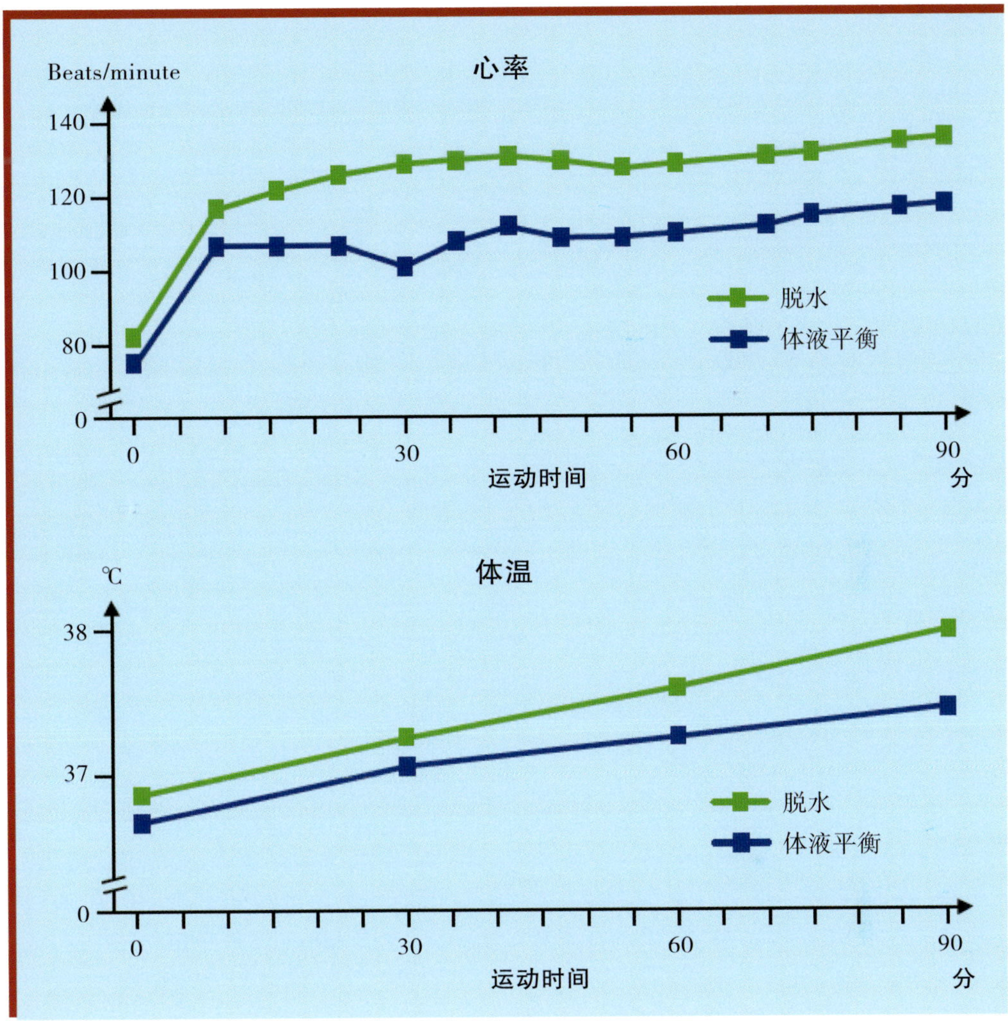

图10-2

脱水对于心率和体温产生的影响。当一人在相同做功比率上进行两个测试时，人体运动前脱水（绿线），将导致心率和体温都极大地升高。

见的影响与周围（体表）血管的收缩和组织的冷却有关。由于人体的生化过程取决于温度，因此低温条件下会降低肌肉收缩的速度（和强度），降低神经传导速度，并减慢氧气从血液向组织的转移。但是，竞技运动很少在如此寒冷的条件下进行，以至于明显降低运动表现。陆地运动中很少发生能够导致体表冻伤的降温，但可能发生在选手长时间靠近或呆在冷水中的运动中（如帆船比赛）。

运动过程中的补液

训练和比赛都可能导致身体脱水和过热，因此持续补充水分以确保最佳的运动表现非常重要。可以遵循以下有关运动持续时间的准则：

- 如果训练或比赛的时间少于30分钟，无论多大运动强度均不需要摄入液体。
- 如果训练或比赛的时间在30～60分钟，则应根据气候条件和运动强度考虑摄入液体。随着环境温度的升高和运动强度的提高，对机体补液的需求也随之增加。
- 如果训练或比赛的时间超过60分钟，无论运动强度的大小，都必须通过饮水来补充体液的流失。

当外界温度上升时，可以通过摄取液体来缓解运动过程中脱水和体温升高的情况（图10–3）。

在长时间运动期间，食用含有碳水化合物的液体有利于缓解肌糖原和肝糖原水平降低带来的负面影响，因此可以延缓运动疲劳的发生。但是，摄入液体的吸收受到限制。液体从胃中被吸收到小肠排空（图10–4）取决于许多因素，包括环境温度以及液体的体积、温度和组成。胃排空的速率通过增加摄入的液体量而增加，每15分钟最多增加约300毫升液体。通过喝纯净水或含碳水化合物量低的水可以达到最大的胃排空速度（每小时约1.2升液体）。另外，尽管身体在温暖的环境下需要更多的液体，但周围的温度越高，胃排空的速度越低。

随着摄入液体中碳水化合物浓度的升高，液体吸收率也会随之降低。碳水化合物具有保持肠液的作用，可以将水从血液转移到肠。最快的吸收速率是消耗纯净水或低含糖量的水（参见图10–3）。为了克服同时需要摄取碳水化合物的问题，应摄入含有碳水化合物的液体，使胃排空率的降低最小化。麦芽糊

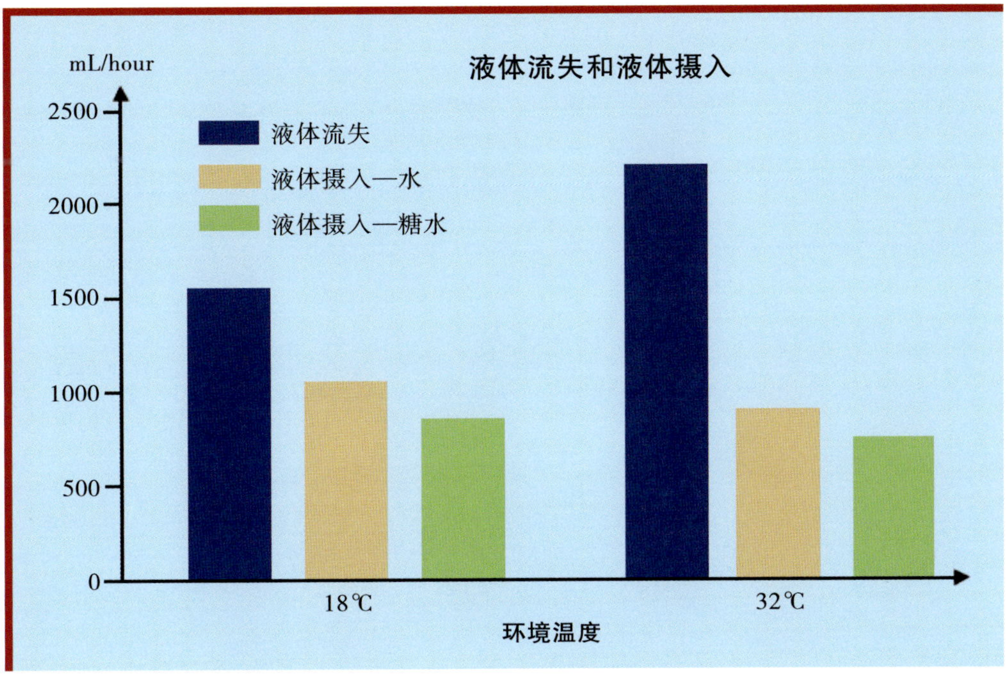

图10-3

在寒冷和温暖的环境中，每小时的液体流失和液体摄入情况。运动速度相当于最大摄氧量的75%。显示了在两个温度（18℃和32℃）下的液体损失，以及通过摄取水（黄柱）和含糖的液体（9%麦芽糖糊精，绿柱）获得补充。请注意，在温暖的情况下，水分不足（汗液损失的水分减去摄入的水分）要比寒冷的环境大得多，并且当食用含糖液体时，两种温度下的机体需水量都更高。

精是一种由糖分子长链组成的碳水化合物，对液体平衡的作用与单个糖分子相同。同样重要的是，口渴机制并不能完全反映液体的流失，即使脱水，一个人也可能不会感到口渴。

在长时间的运动（超过1小时）之前，应谨慎考虑摄入液体的种类。通常在寒冷的环境中，应使用5%～8%的碳水化合物溶液。高碳水化合物含量可能会降低吸收率，但在这种情况下通过出汗造成的液体流失并不高，而低温也会增加胃排空率。然而，在炎热的环境中，液体损失较高并且胃排空速率较低。因此，建议饮用纯净水或含糖量低的水（2%～3%），以便最大限度地吸收水分。尽管这解决了净水分不足的问题，但碳水化合物向机体的输送却最少。因

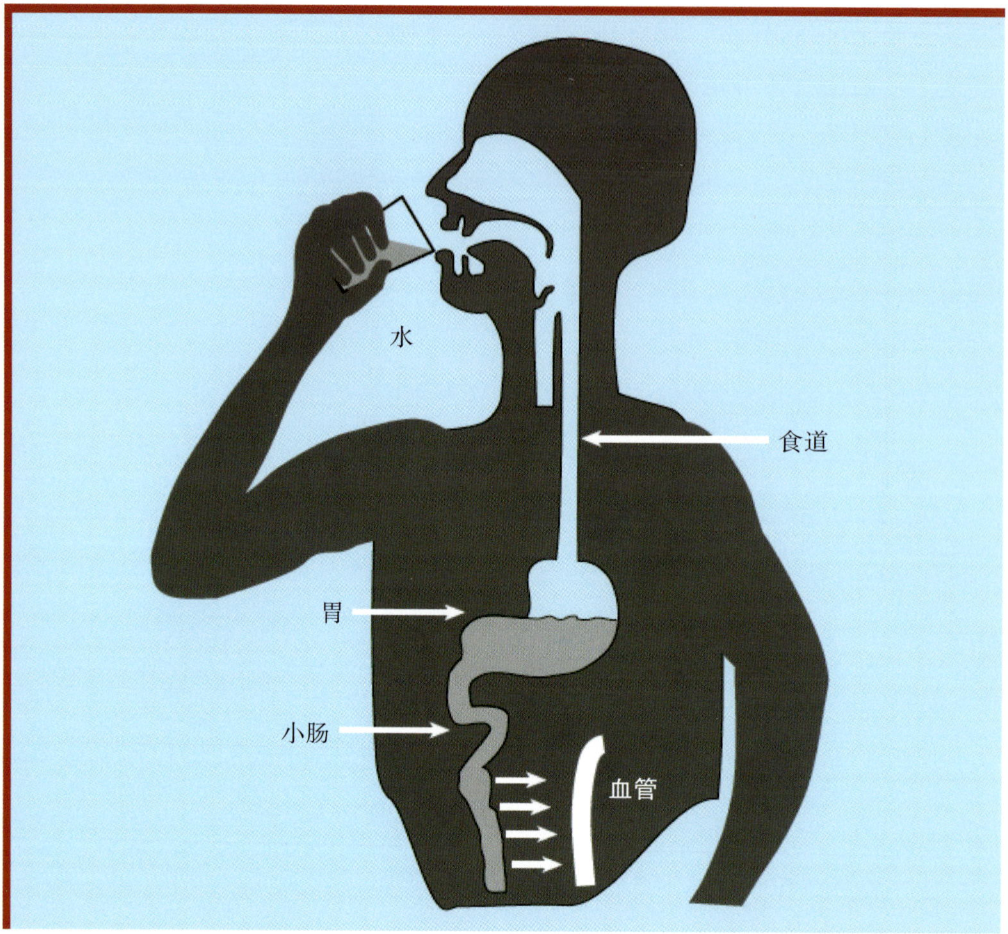

图10-4

摄入液体转送至血液。限制因素是从胃部至小肠的排空率。

此在开始锻炼之前，需要确保肌糖原储备的充分。每个人从胃转送至肠的液体量也有明显的不同。因此，应在平时训练期间确定好比赛中使用的液体类型。运动时可以尝试各种饮料，并且可以“训练”身体吸收更多的水分。

总得说来，在训练和比赛过程中优先摄入哪一种液体和碳水化合物取决于：

- 运动的持续时间
- 天气条件
- 排汗能力
- 个体吸收液体的能力

无论是否感到口渴，运动员在训练和比赛前都应喝足够的水。一般应在训练或比赛前60 ~ 90分钟摄入0.5 ~ 1升液体。在持续30分钟以上的运动和比赛中，应经常少量补充液体（每10 ~ 15分钟摄入150 ~ 250毫升），以免液体在胃中过量积聚。同样，在运动或比赛之后，重新建立体液平衡也很重要。这可能是一个漫长的过程，而且，可能有必要进行超量补液。运动员在比赛后的第二天经常出现体液不足，这会对身体机能产生负面影响。摄入过多的液体会作为尿液排出体外，因此没有补液过多的风险。尿液的颜色很好地反映了体液是否平衡，深黄色的尿液表示有脱水的迹象。

总结

热量以四种不同方式（传导、放射、对流和蒸发）被人体消耗和吸收。在运动过程中，热量蒸发对于减少收缩肌肉产生的热量最为重要。但在运动过程中，肌肉和整个身体的温度都会升高，分别达到42℃和40℃。运动会增加出汗和热量流失的速度。因此，在给定的运动强度下进行一段时间的训练会使体温降低。为了补偿运动过程中的水分流失，应在运动期间（和运动后）摄入液体。除了其他因素外，补液饮品的最佳成分还应考虑到环境温度。

学习任务

复习题

1. 机体释放热能的途径。
2. 机体如何吸收热能?
3. 为什么运动中体温升高?
4. 运动中体温升高到多少度?
5. 运动过程中如何进行体温调节?
6. 描述在耐力运动中导致心率增加的两个原因。
7. 描述中暑是如何发生的。
8. 训练如何影响运动过程中体温的升高?
9. 运动过程中体液的流失对心血管系统有何影响?对运动表现有何影响?
10. 运动对流汗有何影响?
11. 影响胃排空的因素是什么?
12. 对于在寒冷环境(a)和温暖环境(b)中比赛的马拉松运动员,您会建议哪些补液策略?

11. 运动控制和肌肉力量

当神经系统使相应的肌群运动，所有的运动才能开展。本章描述了控制肌肉运动的神经系统的功能和结构，以及神经系统如何适应规律的运动。此外，对肌肉中力量发展的概念及训练对肌肉力量的影响也进行了探讨。

神经系统的结构

一个神经细胞，也称神经元，是由细胞体结合一系列细长的树突（就像树的分支一样）将神经冲动传导至细胞的组织。此外，一个更长的细纤维—轴突—从细胞体传导冲动至其分支的末端。在这儿，信号通过一个叫作突触的间隙传递，突触通过释放一种叫作神经递质的化学物质完成信号的传递（图11–1）。信号被其他神经元或组织细胞所接收，包括肌细胞。传递的信号引起接收细胞的变化。

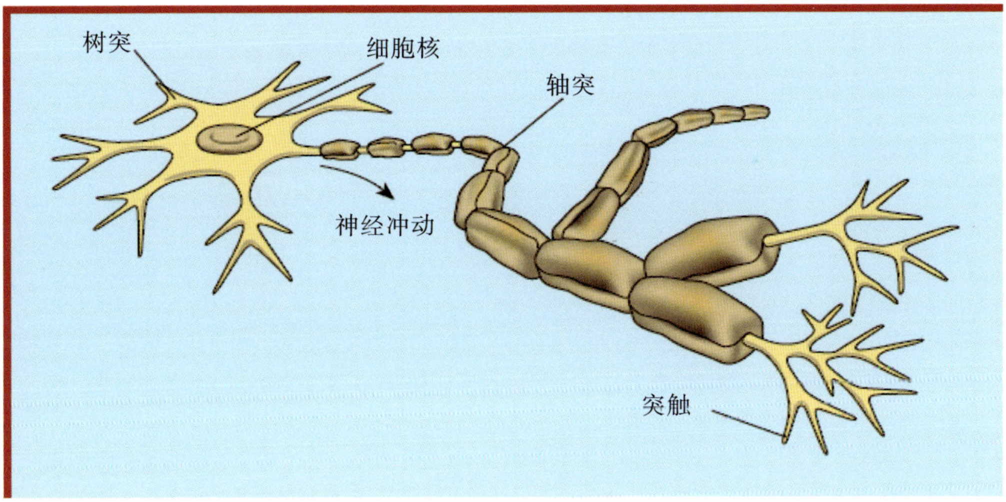

图11–1

运动神经元。神经元由带有细胞核的细胞体，延伸的分支（树突）和较长的细分支，即轴突组成，轴突在末端也有分支。从细胞体中发出的信号（冲动）沿着轴突传递，神经元末端释放的化学递质（神经递质）通过一个小的间隙（突触）传递至接收细胞。

神经系统由数百万个神经元组成，其分为两部分，即中枢神经系统（CNS）和周围神经系统（PNS）。中枢神经系统由大脑和脊髓构成（图11-2）。周围神经系统由脑和脊髓发出的神经构成，神经系统控制和协调人体不同细胞、组织器官和系统间的活动。

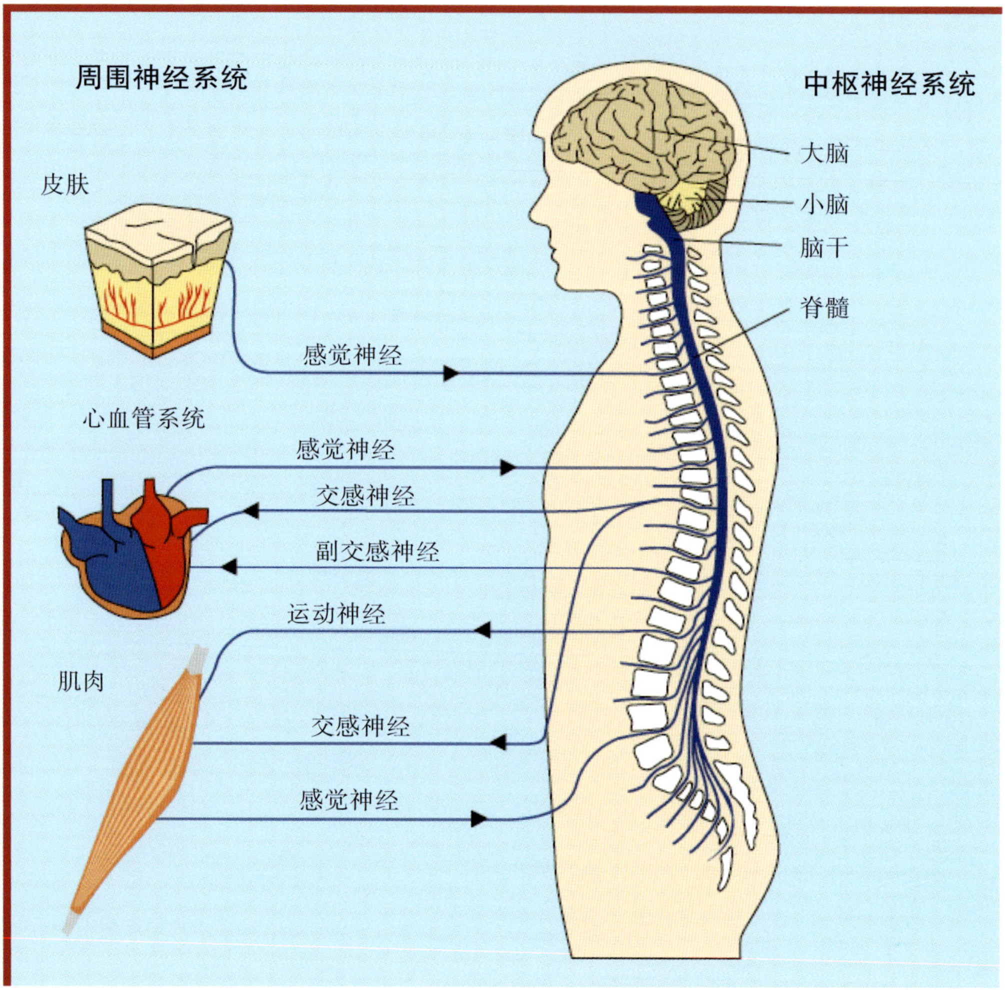

图11-2

神经系统的组织结构。神经系统分为两部分，中枢神经系统（CNS）和周围神经系统（PNS）。周围神经系统包括：自主神经系统，由交感和副交感神经组成；感觉神经元从器官和组织处将信息传递至中枢神经系统（如从肌肉和肌腱处传入的关于肌肉长度和力量发展的信息）；以及运动神经元传递给肌肉的指令（如对产生和协调肌肉运动至关重要的信息）。

对于运动的产生，运动和感觉神经元都至关重要。运动（或称为传出）神经元主要负责激活肌纤维。感觉（或称为输入）神经元接受来自组织和器官（包括皮肤）的刺激，并将信息送达至中枢神经系统。这两种类型的神经元位于脊髓中，脊髓被保护在脊柱内。横切面显示，脊髓内部有"H"形"灰色"区域，由神经元的细胞体组成（图11-3）。运动和感觉神经元分别连接在一起，通过两个突起（根）的部分从脊髓处穿入和穿出。运动神经通过前根穿出脊髓，感觉神经穿入后根。中间区域包含了短的"脊髓"神经元（中间神经

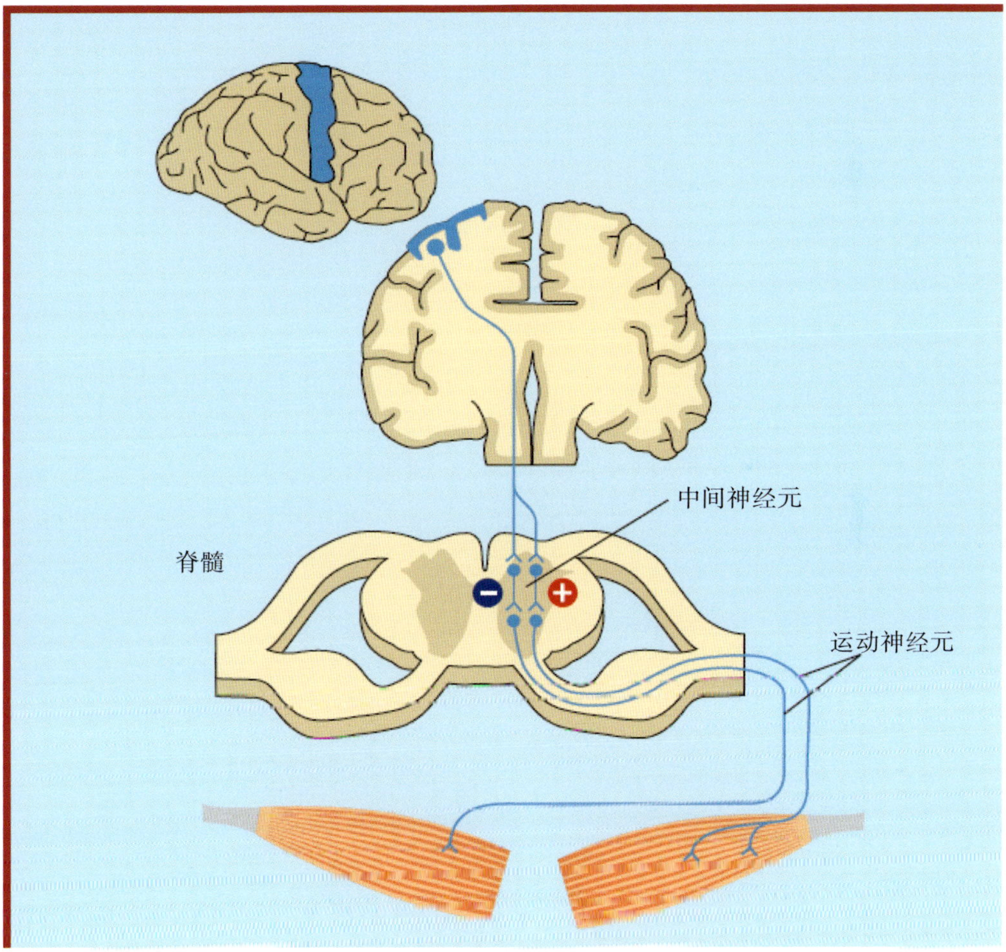

图11-3

人脑传递运动信号的通路。运动神经元的轴突源自大脑皮质，绕过小脑，经过脑干，然后进行交叉（换边），继续下行至脊髓。它们主要以中间神经元突触传递信号至脊髓中的运动神经元的细胞体。每一个运动神经元都会激活一组相同类型的肌纤维。

元），这些神经元传递感知反馈给运动神经元。在脊髓外侧的“白色”区域分布着运动神经元，与中间神经元和脊髓中的运动神经元一起连接脑干与大脑。这个区域的感觉神经元与高级大脑中枢一起连接着周围感受器和脊髓神经元。

自主神经系统

自主神经系统是周围神经系统的分支，主要负责维持身体内环境的稳态。这个系统并不受意识支配且为身体对刺激提供快速的反应。自主神经系统分为交感和副交感神经系统。一般来说，交感神经系统释放去甲肾上腺素作为神经递质刺激器官活动。相反，利用乙酰胆碱作为神经递质的副交感神经系统抑制同一器官。举例来说，运动开始时，交感神经系统刺激了心肌的收缩加快了心率，但在休息时，副交感神经系统主导并保持心率处于较低的状态。

运动神经元

运动神经元起源于大脑皮质，支配全身肌肉*。与其他肌肉相比，一些肌肉受到更多的神经元的控制（图11-4）。例如，与其他大多数动物大脑中神经元数量相比，人类大脑皮质中控制舌、喉和手指肌肉的神经元数量特别多。这些肌肉的精确控制解释了为何我们具有语言和复杂手部动作的能力。

离开大脑皮质，运动神经元经过脑干，大部分交叉过中线并下行至脊髓（参见图11-3）。这种交叉解释了为什么大脑一侧中风的人，通常在身体的另一侧出现瘫痪的现象。大脑中多数的神经元轴突终止于脊髓中的中间神经元（如突触）。然而，与其他动物不同的是，人类和猴子大脑中的一些运动神经元直接与脊髓中的运动神经元建立突触，这就可以在没有中间神经元的情况下，皮质可以对肌肉运动进行控制。脊髓中的每个运动神经元都有一个轴突，延伸至肌肉中为大量的肌纤维提供供给。一个运动神经元和受该神经元支配的肌纤维一起为一个运动单位。这些运动单位大小不一；控制较少肌纤维的运动单位能更好地协调运动（如眼部肌肉）；但是支配较多肌纤维进行“粗大”运动的运动单位能够产生更大的力量（如大腿肌肉组织）。运动单位都是以“全或无”的方式进行运动，也就是说，要么所有受支配的纤维全部收缩，要么全

* 大脑的大部分为前脑，有外层，大脑皮质，包含了许多神经元细胞体。

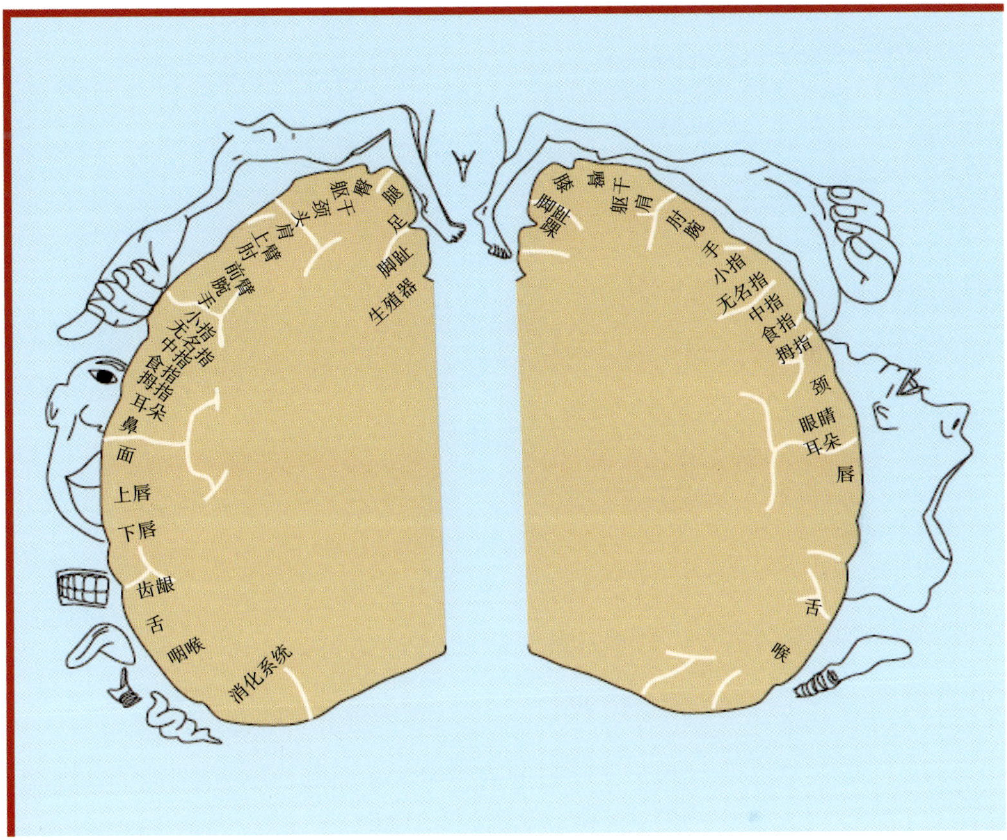

图11-4

大脑皮质中控制感觉神经元（左）和运动神经元（右）的区域。

不收缩。肌肉想要收缩，源自神经元的电冲动（信号）必须到达一定的水平，称为阈值。运动单位中所有肌纤维都是相同类型的（如慢肌纤维、a型快肌和x型快肌）。慢肌纤维较快肌纤维的阈值低，因此在较低的做功强度下就可以收缩。慢肌纤维的运动单位小，每个单位供给10～180根肌纤维。快肌纤维的运动单位有一个大神经元，供给300～800根肌纤维。因此，与促进更快更有力运动的快肌纤维运动单位相比，当单个慢肌纤维运动单位受到刺激时，被激活的肌纤维要少得多。一般来说，肌肉力量的增强是由于激活更多的运动单位，从而可以利用更多的肌纤维。

感觉神经元

感觉神经元是双极的，就是说它们有分支的轴突。一个轴突从细胞体中延伸出来与“感觉器官”（感受器）相连或本身构成感觉器官。另一个分支进入脊髓，其通过局部神经元（中间神经元）连接（A）运动神经元，（B）转向并上行至脊髓白质，给大脑高级中枢传递感知信息，或者（C）与其他神经元连接以传递信息。与大脑皮质的运动区域一样，不同的区域接受从不同感觉器官和感受器传来的感觉信息（参见图11–4）。

动作的执行

来自大脑的运动神经元激活肌肉中完成运动的运动单位，并抑制位于关节另一侧肌肉的中间神经元（参见图11–3）。因此，为了完成最佳的动作，起对抗作用（拮抗）的肌群会松弛。在关节需要稳定的情况下，比如，一名体操运动员在平衡木上保持平衡，拮抗肌群同时起作用（共同收缩）。这种情况中，大脑可以解除中间神经元的抑制作用，从而激活了运动神经元的拮抗组。

运动神经元的激活较之前所认为的要复杂得多。实际上，大脑中每个运动神经元的轴突都有分支，并向脊髓中5～6个运动神经元提供供给。因此，脊髓运动神经元的细胞体从位于脊髓和大脑的诸多细胞体中接收信息。这些细胞体可能位置相距较远且被传递信息给运动神经元来控制其他肌群的神经元隔开。这样，就有了重要的肌肉活动调节的机会存在。比如，当大脑传递信号给食指肌肉时，支配其他手指和手部肌肉的运动神经元也在一定程度上受到刺激——这种程度虽不足以激活它们，但是足够允许它们通过受刺激水平的细微改变从而被迅速激活。这种“交叉刺激”或许就是人类为什么能够快速做出手指运动的原因。

尽管普遍的共识是大多数的“自主化”动作是不受意识支配的，而不那么自动化的动作是受意识控制的，但事实并非如此。运动需要通过运动皮质来进行管理，这样可以在无意识控制的情况下轻易地完成动作。事实上，几乎所有人体的运动都不是在意识的支配下完成的，而是需要通过运动皮质对不同程度的运动进行管理来完成。除去通过脊髓的调节所产生的最简单的条件反射以外。

反馈

我们不断地从周围环境中和身体各个部位位置得到视觉的和其他的感知反馈。这些信息嵌入运动程序用来启动运动，进一步的感知输入改变了运动过程中肌肉的活性。关于运动的感知信息可以直接返回中枢神经系统，这需要大约50毫秒的时间。这个时段很快，甚至比最快的动作还快。因此，没有运动是在无感知信息传回至中枢神经系统的情况下发生的。错误信号或许同样也传送至中枢神经系统。举例来说，如果我们撞到什么东西，就会产生一个大的感觉信号（即感觉感受器被激活），如果我们踩到地上的洞，就会产生一个小的感觉信号。反馈机制的适应性取决于我们如何抓起和举起对象。有了经验，我们学会了预测自己的手和手指需要多大的力量来握住或举起不同重量、形状和表面（粗糙、平滑、潮湿、油腻、正方的等）的物体。当我们第一次举起不明重量的不熟悉物体时，我们总是轻和缓慢地举起。此外，我们利用视觉感知信息。正如我们依据先前对物体或相似物体的经验所建立起来的运动程序一样，我们可以快速、有效地抓取或举起物体且不会掉落或损坏。同时运动程序的感知反馈用来完成运动，但运动并不依赖于感知信息。中枢神经系统会进行“猜测”，只要瞄一眼物体，然后相应的运动程序激活，开始快速且有效地运动。然而，如果中枢神经系统的“猜测”有误并启用了错误的程序（如物体较预期的重或轻），感知系统会迅速地传递错误信号。因此，运动需要得到及时的更正以免掉落或压碎物体。反馈同样确保了当举起相同物体时选择正确的运动程序。一般来说，感知反馈和中枢运动信号是在不同层面上的整合，共同决定着由此产生的肌肉活动。

反射

反射是指肌肉对刺激产生的反应，只在脊髓层面介导。反射不能与自主活动分开，因为它们是感知反馈的构成部分，同样也是运动程序的一个组成部分。

一个典型的例子就是牵张反射。肌纤维之间的感觉神经末梢检测肌肉是否变长，然后，它们向脊髓传递信号，刺激神经元导致肌肉收缩。与此同时，它们抑制了激活拮抗肌的神经细胞（图11-5）。当医生用锤子敲击膝关节前面的时候，就可以测试这种反射，引发肌肉的快速牵张，紧跟着的是肌肉的收缩使膝关节伸展。这种反射说明了正反馈机制，有良好的肌肉硬度，稳定的膝关节并确保了肌肉没有撕裂。此外，反射在伸展的肌肉中产生张力，这在跳跃或投掷时可以从中获益。举例来说，大腿肌肉组织在一次高跳的最后一步时做离心运动（收缩时被拉长），这就激活了牵张反射并增加了肌肉张力。产生的张力被用于接下来向心收缩的过程（跳跃）。

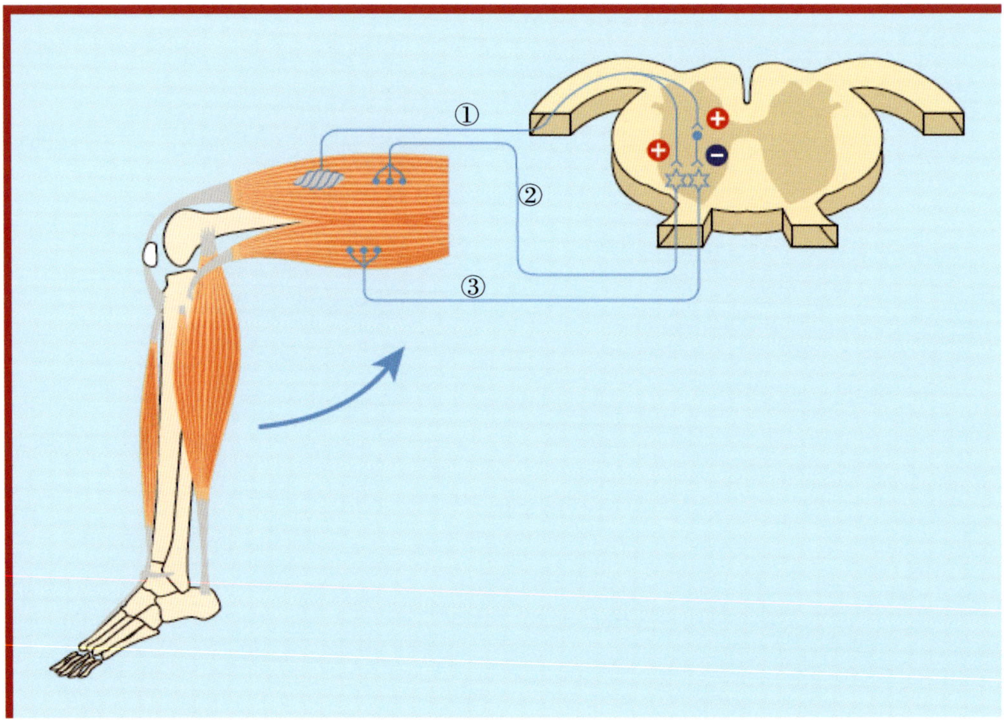

图11-5

牵张反射。当肌肉被拉伸时，肌肉传递信号至脊髓①，导致被拉伸的肌肉激活②，而激活拮抗肌的神经元被抑制③。

肌腱中存有另一种感觉神经元网。这些神经引起的反射会对牵张反射起反作用，也就是使收缩的肌肉松弛。当肌腱处于紧张状态时，感觉网络就会记录下来，在运动时，当肌肉收缩并拉扯两端肌腱时，感觉网络尤其活跃。感觉神经通过中间神经元传递冲动至脊髓处，中枢神经元抑制运动神经细胞收缩肌肉。同样通过对其他中间神经元进行刺激，供给拮抗肌的运动神经活跃（图11-6），这减轻了肌腱的负荷。这种反射的功能意义尚不清楚。据推测，其是预防肌肉过度发力，以保护其不受损伤。

然而，最近的科学研究表明，即使只有一小部分肌肉活动时，反射也会发生。显然，这些感知接受器极其敏感，这一点并不支持它们只有在肌肉中产生过多力量时才会被激活的理论。

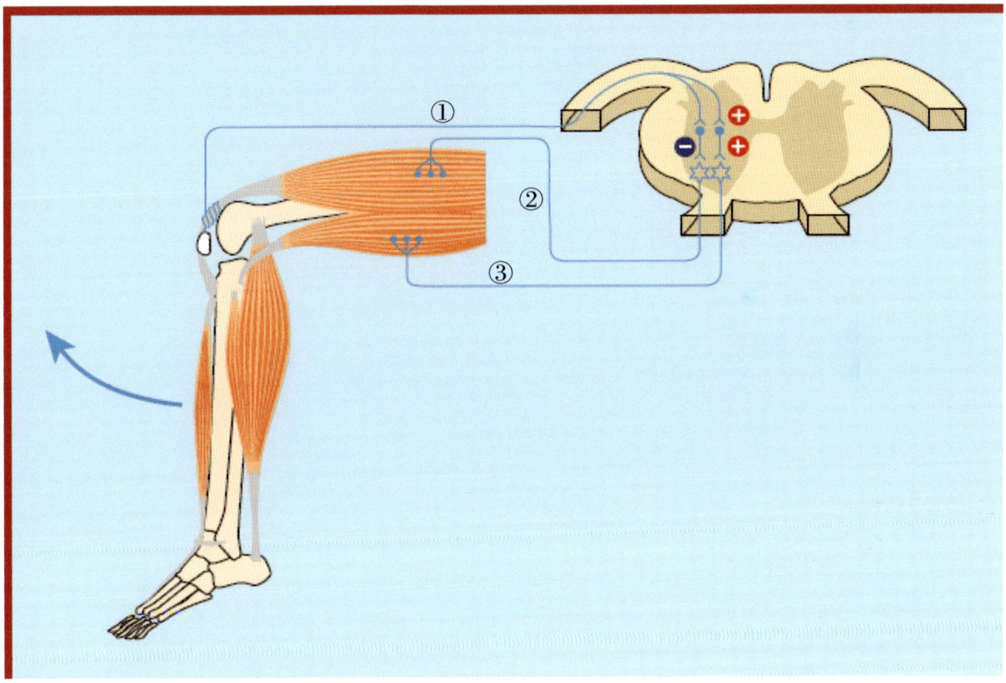

图11-6

反牵张反射。当肌肉的肌腱受到牵拉，例如，在肌肉收缩过程中，信号传递至脊髓①，导致激活肌肉的神经元被抑制②和拮抗肌被激活③。

举例来说，当步行时，如果右脚迈步踩在大头钉上，那么左腿会快速地落于地面上且右脚从钉子上抬起。这些动作的发生非常快，以至于疼痛感往往只能在事后才能被感受到。该反应的特点是右髋关节、膝部、踝部的屈肌收缩和伸肌松弛（图11-7）。与此同时，左腿伸展通过伸肌的收缩和屈肌的放松来帮助支撑身体。这种复杂的自动反应涉及身体两侧的许多肌肉。这些动作需要良好的协调能力来确保人体不会摔倒。这些反应通过撤回交叉伸肌反射和脊髓上的神经元网联合作用产生。这种反应是由疼痛刺激激活的，以确保没有保护的身体部位通过肌肉的协调运动从刺激中移开，同时保持平衡。

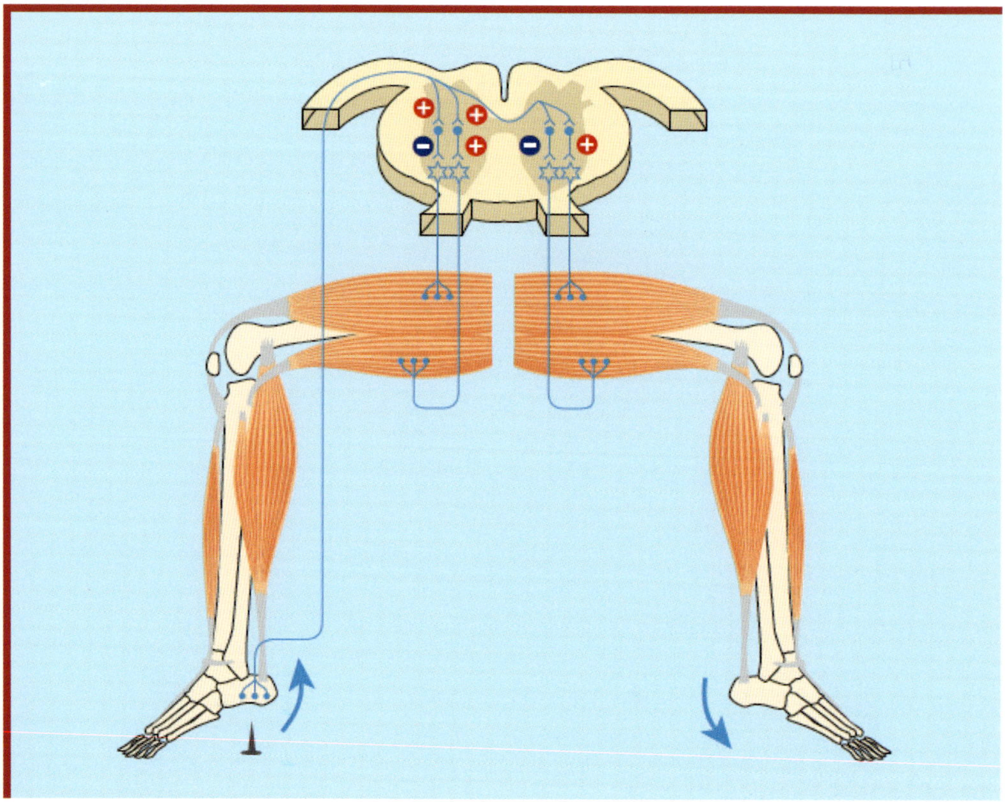

图11-7

联合撤回交叉伸肌反射。位于足部的疼痛感受器传递信号给脊髓，导致弯曲腿肌肉激活和拉伸腿肌肉抑制。相反，同时另一条腿的伸肌和屈肌分别激活和抑制。

跳跃、投掷和踢

跳跃是一个使身体重心上移且双腿离地的动作。一个跳跃可分为起始、腾空和落地阶段，并有几个目标：尽可能高地抬起双手（如排球和篮球）；在水平方向上尽可能远地移动身体（如跳远）；尽可能高地提升身体重心（如跳高）；或使身体处于空中的时间最大化（如在体操运动和滑冰运动中）。

跳跃的起始和落地时肌肉的活动是一个预备程序；这就是说激活反射没有任何作用。当准备落地时，一些腿部肌群的活动量明显增加。研究表明，牵张反射活动像弹簧一样，落地时可保护肌肉，肌肉会控制和减弱来自着陆的冲击。然而，当人在固定点上跳跃时牵张反射就会被激活。这种情况下，肌肉在落地后，相应快速地提供尽可能多的势能输入，为快速进行下一次跳跃做准备。这时肌肉的功能就如真正的弹簧。跳跃后着陆时双踝和双膝周围的肌肉具有明显收缩的特点，跳得越高，激活的程度越大。肌肉收缩起到支撑和稳定关节的作用并且保护关节来对抗落地时的冲击。

投掷与踢这两个动作的目的在于移动物体使其在空中飞行。最远最快的投掷需要三维运动，且涉及了很多肌群和关节的运功。初始阶段，全身和主要肌群均参与其中，然后是小关节和肌群的参与。大肌群的运动产生支撑，保证球在动作最后阶段加速。当进行高精度投掷时，通常动作在一个维度上，只涉及一个或几个关节。

当进行踢的动作时，大腿高速向前移动，但小腿在达到其最大摆动速度前制动。与投掷不同的是，肢体在与球的接触时是稳定的。因此，踝关节周围的肌群被激活，当触球时，脚部是固定的，以更快的速度击球。球的速度和方向可以通过足部与小腿固定的松紧程度进行控制，这取决于踝关节周围肌群的激活程度。相似的是，排球运动员可以通过控制前臂、手和腕关节的力度对球速进行控制。

运动学习

运动学习可以理解为为了优化复杂运动而编写的“程序”。这个过程出现在运动的技术训练过程中且使竞技能力得到提高。学习是建立记忆的一个过程。例如，当你发现在参加上次滑雪的很多年后你仍然会滑雪，术语“运动记忆”在这里显得不是很适用，尽管有人说“肌肉记住动作”。所谓的运动记忆发生在不同的大脑区域，不同于那些储存于我们大脑中的寻常记忆。

从大脑皮质到脊髓，训练使得中枢神经系统各个层面都发生了改变。这些改变对持续进行的动作优化发挥着不同作用。运动皮质并不是从出生就固定了的，而是依据我们所做的运动和我们对于新动作的学习不断发生变化的。举例来说，当盲人学习使用布莱叶盲文阅读时，负责控制食指肌肉的大脑区域显著增加。在学习一个新运动任务时，与特定肌肉有关的大脑区域的扩大不仅仅是在使用这些肌肉时发生的。举例来说，力量训练并不改变大脑皮质中与使用肌肉的相关区域，但学习困难的运动任务时，使用同样的肌群时，这些皮质区域就会显著增大。因此，大脑的变化可以从学习新的运动任务中产生，反映出学习过程中为完成动作所需要的专注力增强。当一个动作学习达到了能够或多或少的自动完成时，相关的脑部区域再次收缩。或许，实际的解剖学改变并未产生。相反，不学习被激活，先前存在的解剖连接就会被抑制。

如果动作与大脑皮质的运动程序指令相悖，程序通过小脑与大脑皮质和脑干的连接来进行调整。因此，接下来动作的执行会更好地匹配意图。学习一个动作时，与其他动作只有很少的“交叉”。在大多数研究中，尽管运动任务极为相似，但在训练过程中，未执行运动任务的改善是训练动作改善的10%～20%。这说明，运动学习和运动程序的特异性非常高。

对于人类来说，运动技能训练被证明了可以改变牵张反射的幅度。对参与反射的神经元的测试表明，这些改变是由于感觉神经元与运动神经元间连接（神经突触）的改变而引起的，通过大量释放神经突触中的神经递质使得反射变得更加敏感。训练停止后，反射再次变小且感觉神经元释放的神经递质减少。

个体的反射强度取决于他们的身体活动水平，但在运动员中差异明显。长跑运动员通常具有较大的反射能力，而短跑选手的反射能力则较弱。排球运动员与芭蕾舞者，经常需要对爆发性动作进行控制，所以他们的反射能力较弱。这些运动员同样也减少了拮抗肌的抑制，从而更容易激活这些肌肉，同时以此对参与运动的关节起到稳定作用。这种适应性是有效的，因为许多芭蕾动作需要稳定的关节（尤其是踝关节）来确保最佳的平衡。

运动学习阶段

以下是运动学习的三个阶段。在认知阶段，理解动作任务，但只是有限地改变动作程序。此阶段的持续时间随任务的复杂程度而变化。因此，此阶段中口头的指导可以显著改善运动表现。在运动阶段，动作的执行真正地发生适应性变化，在动作中不断进行细小的调整。同时，在此阶段中，大脑皮质中的活动明显增加。然而，动作并不是完美的，运动表现在不同执行中的差异很明显。几个月，或许几年后，学习过程进入自动化阶段。此阶段中，动作的完成主要在无意识的状态下完成，且在有其他意识输入时使其最小化，并完成动作。动作的完成几乎每次都非常准确。由于动作程序的优化以及动作的完成变得很少依靠感觉反馈，意识可以用来完成其他意图。我们通常把其认为是“动作的自动化”。一个例子是足球中的踢墙练习。开始时，全部注意力和意识都集中在支撑腿的站位与踢球腿的摆动上。当球员学习在各种情景中运用墙式传球时，通常他们能够将注意力较少地放在其自身的位置上，而是更多地考虑同伴和对手的位置。整个学习过程发生于大脑皮质中，参与所有特定动作的运动皮质区域在学习前后保持不变。因此，脊髓不像人们通常认为的那样控制自动化阶段。

训练对肌肉力量发展的影响

通过抗阻训练和其他形式的无氧训练，肌肉可以发展更多力量与爆发力（图11-8）。在力量上的最大提升出现在抗阻训练的开始阶段，主要是通过神经系统的调节来实现（图11–9）。神经增加了它们冲动的频率。此外，训练能使不同类型的肌纤维收缩，相关肌肉的收缩和拮抗肌群的放松更好地同步。几周后，肌肉也会肥大，这也有助于进一步发展肌肉力量。如果继续进行同样的训练计划，肌肉力量不会进一步提高。为获得更大的改善，训练中的负荷必须增加（参见图11–8）。

抗阻训练明显提高等长（即静力的；0度/秒）、动力性收缩的力量，但增长的程度取决于训练的类型。图11–10呈现了一个为期8周的大量抗阻训练的效果。训练明显提高了在不同速度下等长收缩、向心收缩（肌肉缩短）和离心收缩（肌肉拉长）的最大力量。大负荷的抗阻训练同样被证明能够使最大收缩

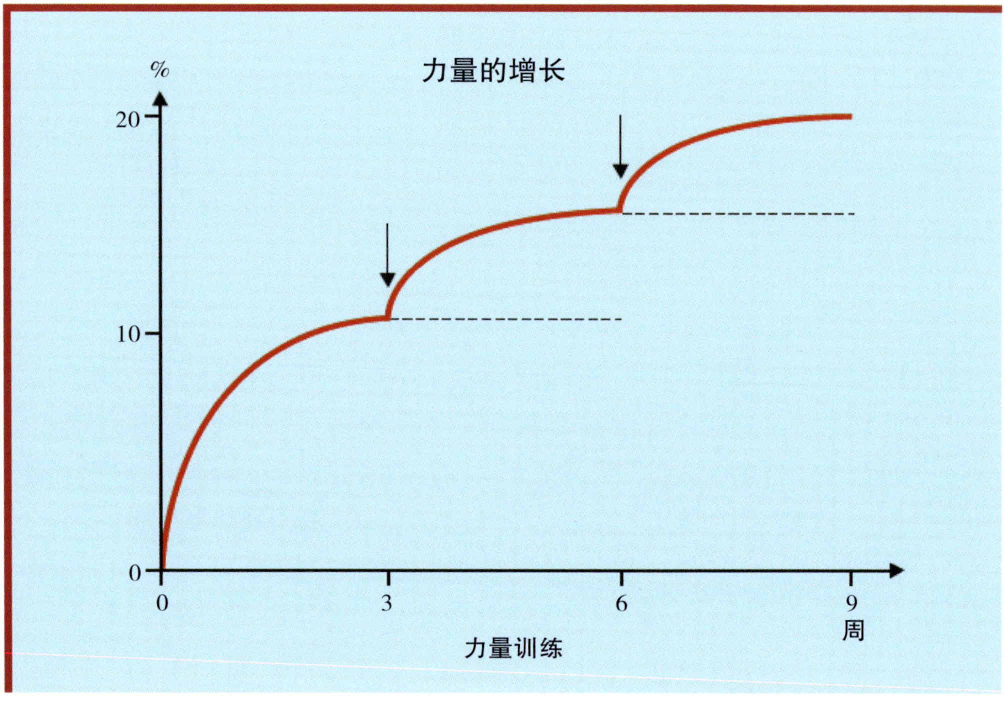

图11–8

一段时间的抗阻训练过程中肌肉力量的发展。如果抗阻训练方案保持不变，肌肉力量将达到平台（虚线），然而如果负荷逐步增长，力量将进一步提高（垂直箭头）。

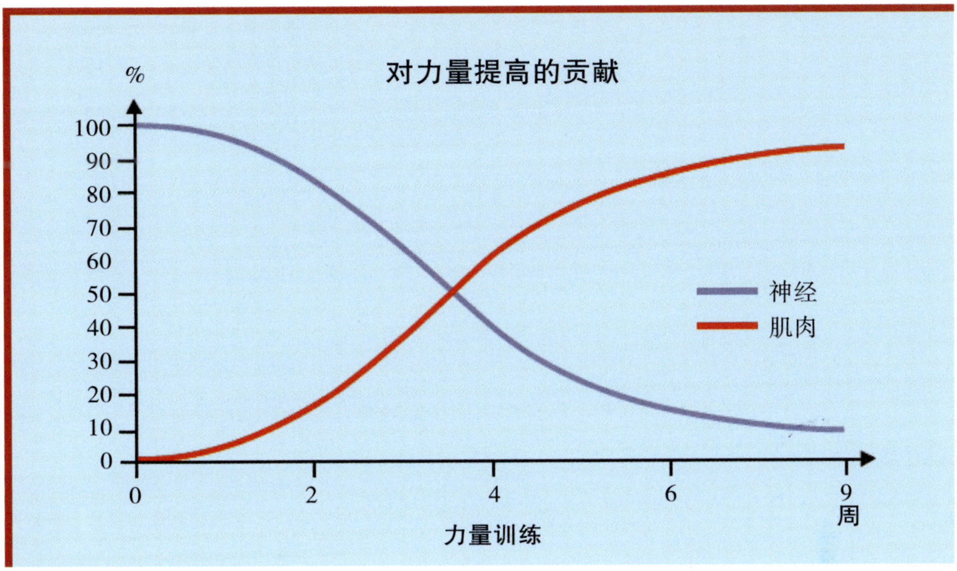

图11-9

在前8周的抗阻训练计划中，肌肉和神经系统对于肌肉力量提高的贡献。注意神经系统在训练的前几周的改善中起了很大的作用（蓝线），而接下来的提高主要是由于肌肉的适应性（红线）。

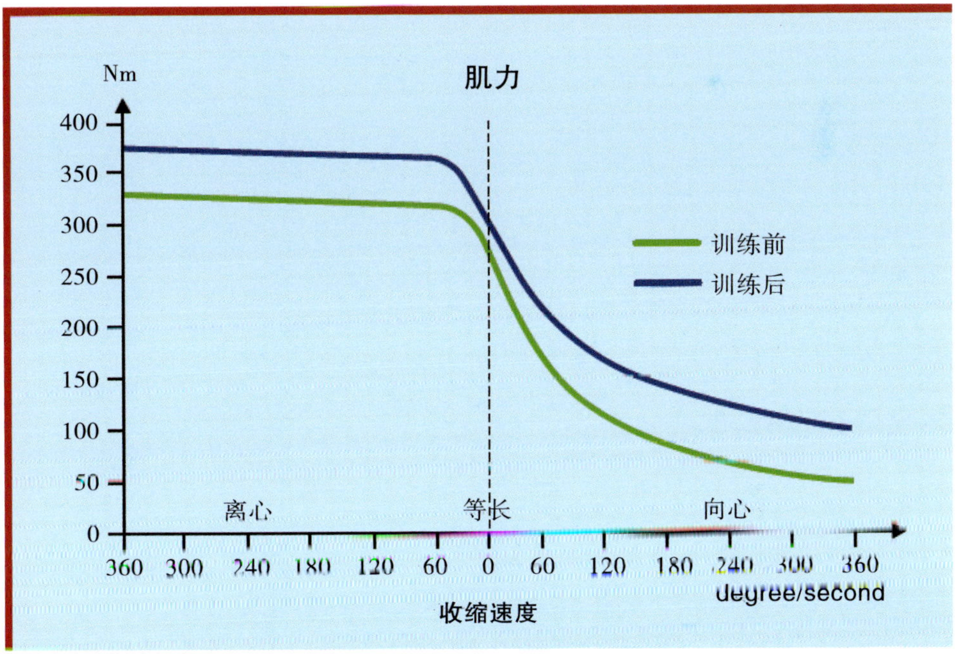

图11-10

在一段时间的负重抗阻训练前（绿线）和后（蓝线）向心、等长和离心收缩的力量发展情况。抗阻训练可以明显地提高所有速度下的收缩力量。

率发生明显的改善（无负荷的收缩）。此外，这种训练方式提高了力量增长率（rate of force development，RFD），即动作开始时发力的速度（图11-11）。提高力量增长率对那些爆发力主导的运动项目有利，比如，空手道踢腿或是手球反击时的第一步。

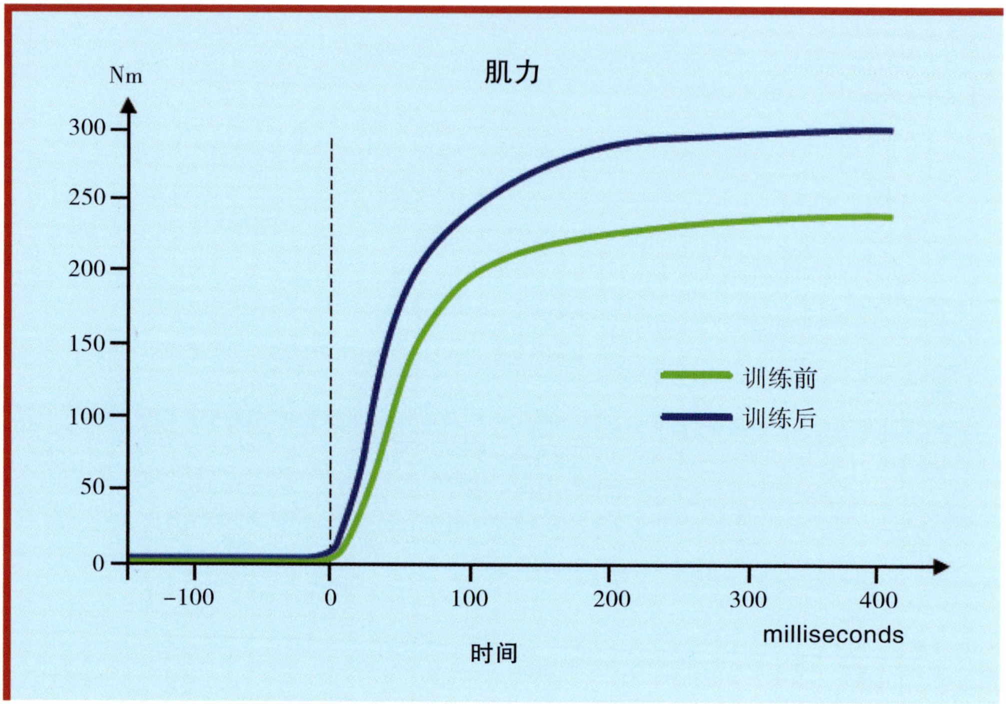

图11-11

一段时间的抗阻训练前（绿线）和后（蓝线）肌肉收缩初始阶段的力量发展。注意训练后发力更快，范围更大。

抗阻训练后肌肉的变化

一段时间的抗阻训练后通常会使得所锻炼的肌肉肥大。当进行大负重训练时，所有肌纤维都会变大（即肥大）。进行高强度爆发力的训练主要使得快肌纤维肥大。因此快肌纤维在一段时间的训练后占据了更多的肌肉横截面面积，肌肉可以产生更大的力量，但快肌纤维的数量并没有增加。

没有证据显示通过训练可增加肌纤维的数量，但肌纤维可从一种类型向另一种进行转化。举例来说，一项针对优秀短跑运动员的研究显示，进行为期3个月的大重量爆发力抗阻训练结合高强度短间歇训练后，快肌纤维的总体比例显著增加而慢肌纤维的比例下降（图11–12）。训练引起慢肌纤维和x型快肌纤维向a型快肌纤维转化。肌纤维的变化使得冲刺表现和肌肉力量得到提高（参见图11–12）。

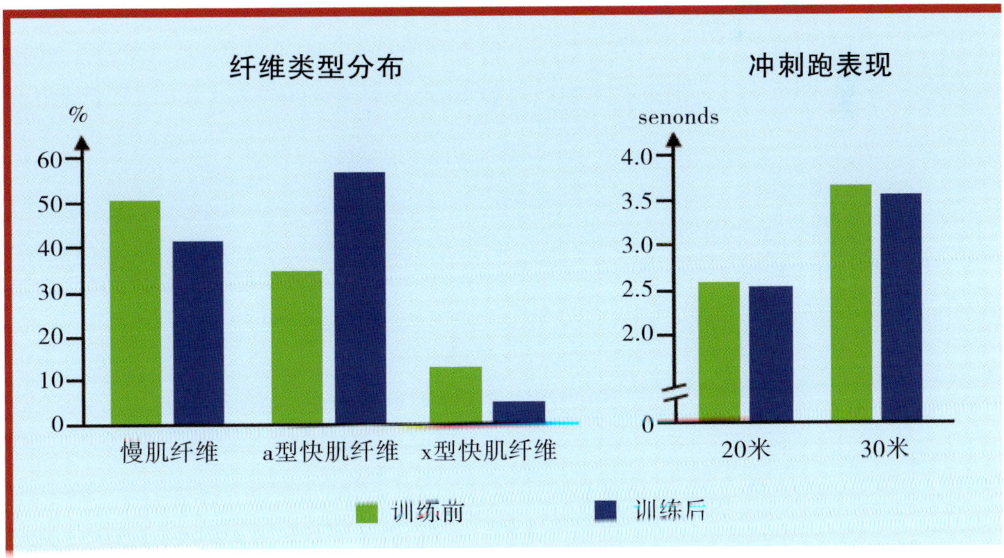

图11–12

优秀短跑运动员8周抗阻训练前（绿线）和后（蓝线）的纤维类型分布和短跑成绩。训练后，a型快肌纤维的比例（左）增加，20米和30米短跑的成绩（右）也增加了。

对于短跑运动员而言，减少慢肌纤维的数量显然是有好处的。然而，x型快肌纤维比例的减少或许并不有利，因为x型快肌纤维较a型快肌纤维来说拥有相当高的收缩。但是，拥有大量x型快肌纤维的短跑运动员，虽然能够完成很高的爆发性动作，但在100米比赛以及400米比赛中，可能会输给拥有大量a型快肌纤维的运动员——因为x型快肌纤维很快达到力竭。这个因素可以部分解释为什么尽管x型快肌纤维的数量减少了，短跑运动员却可以提高他们的跑动速度。x型快肌纤维的最佳做功时间低于几秒，例如，举重运动员和跳高运动员在比赛中也是如此。在上述研究中，尽管短跑运动员的x型快肌纤维比例低，但他们还是可以通过一段时间训练后，a型快肌纤维的肥大和更具爆发性的神经冲动传递模式来提高竞技能力。一般来说，研究显示，所有类型的训练都会减低受训练肌肉中的x型快肌纤维数量。举例来说，由于训练的原因，优秀的马拉松运动员几乎没有x型快肌纤维了。

近期有另一项研究表明，在为期14周的大强度抗阻训练后，在随后的12周停训期间，受试者的x型快肌纤维百分比比训练前增加了一倍。这种增加主要是由于a型快肌纤维的消耗。一旦训练停止，x型快肌纤维明显生成。由于不同类型的纤维间收缩率明显不同，x型快肌纤维比例的增加影响了竞技表现。因此，一个人想要增加x型快肌纤维的比例来进行更有爆发力的运动，需要进行一段时间的高负荷训练，然后再进行一段时间的减量训练。因此，在重要的比赛前减少训练的次数（即减量训练），对于那些需要速度、爆发力的运动项目是有利的。

总结

所有动作（除了反射）都由大脑皮质区域中运动程序控制。动作，包括反射是由运动神经的神经支配和肌肉纤维与肌肉的感觉反馈相结合的复杂的相互作用。训练可以优化动作，使其变为“自动化”。肌肉产生力量的能力取决于它的神经分配和肌纤维的特点。抗阻训练使这些因素得以优化，训练的开始阶段最重要的是神经系统的改变，随后的阶段最重要的是肌肉的适应。

学习任务

复习题

1. 什么是运动神经元?
2. 什么是感觉神经元?
3. 什么是运动单位?
4. 神经细胞如何进行“交流”?
5. 描述牵张反射。
6. 当肌腱受到牵拉时出现什么样的反射活动?
7. 解释联合屈伸交叉反射。
8. 描述运动学习过程的不同阶段所发生的状况。
9. 在抗阻训练计划的初始阶段,是什么导致肌肉力量的改善?
10. 抗阻训练如何影响肌纤维类型的分布?
11. 抗阻训练如何影响肌纤维的体积?

12. 运动表现

运动表现是由运动员的技术、战术、社会、心理和身体能力所决定的（图12-1）。这些因素紧密关联。举例来说，如果球员体能水平和技战术能力欠缺，那么他们就无法发挥技术能力。对运动员的体能需求可分为以下几个方面：

- 持续或间歇进行长时间运动的能力（如耐力运动）
- 以高强度运动的能力
- 冲刺的能力
- 发展大力量的能力

运动表现的分类基于呼吸、心血管系统和肌肉系统的特征，并与神经系统相关。各系统和组织的功能水平主要由遗传因素决定，但可以通过训练得到发展，尽管适应改变的程度差异很大。举例来说，未经训练的人，在经过多年训练后其最大摄氧量可翻数倍，而耐力能力可以增加5倍以上。运动表现取决于一个人的性别、成熟度和年龄，同样也会受到如环境和饮食等外部因素的影响（参见图12-1）。本章讨论运动表现的限制因素，例如，各种运动中产生疲劳的原因，以及训练如何提高运动表现。此外，还着重于强化训练对已经接受过训练的人所产生的影响。

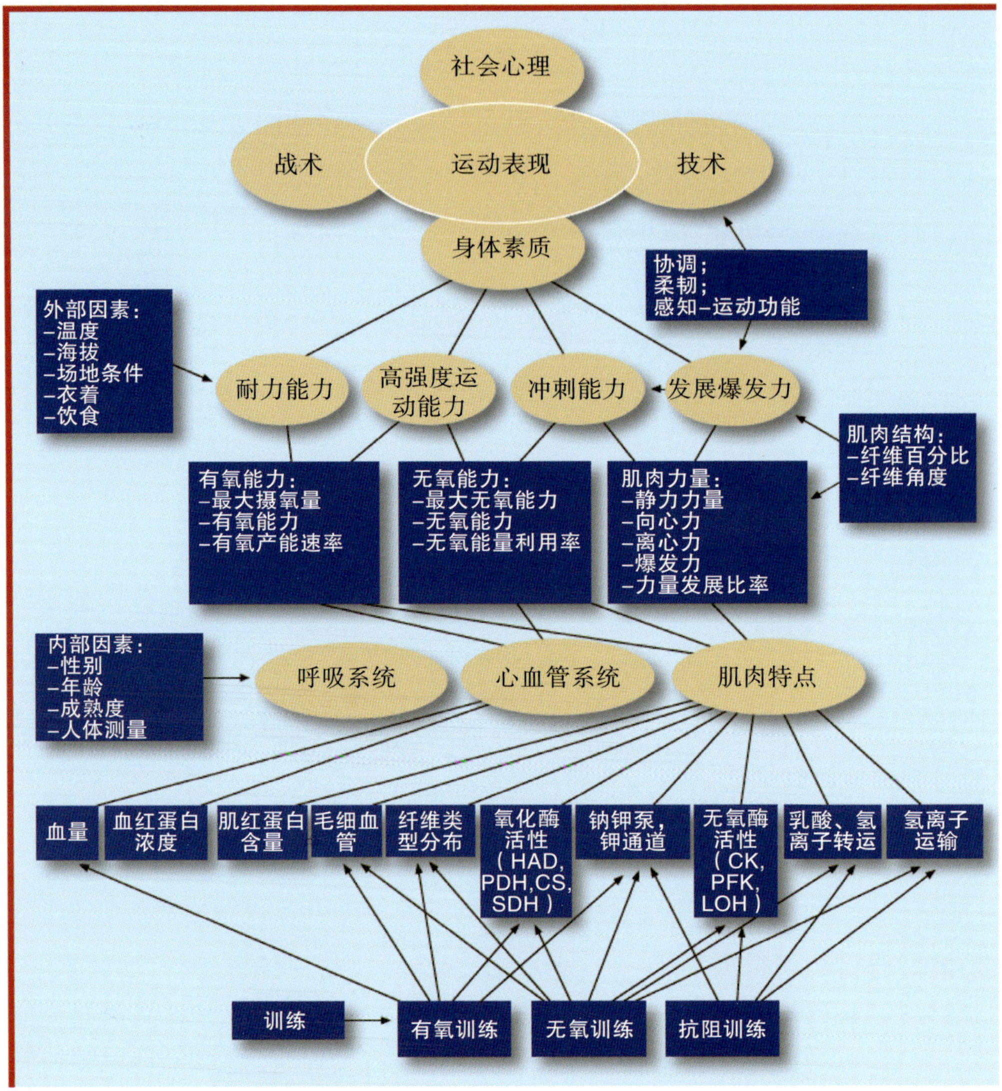

图12-1

影响运动表现因素的整体模型。运动表现是由运动员的技术、战术、社会心理和身体能力特征所决定的。这些区域交叠和相互影响。身体因素可以分为几个子类(上部)。这些变量取决于某些可以单独进行评价的组成部分(中心)。呼吸和心血管系统的能力，肌肉的特征和神经的相互作用是身体能力的基础。这些元素主要由遗传因素决定，但可通过训练来提高。运动表现同样受到外部因素，如环境和赛前摄入的饮食影响。HAD=β-羟基辅酶CO-A脱氢酶；PDH=丙酮酸脱氢酶；CS=柠檬酸合成酶；SDH=琥珀酸脱氢酶；CK=肌酸激酶；PFK=磷酸果糖激酶；LDH=乳酸脱氢酶。

高强度运动中的运动表现

在短时间的高强度运动中要有良好的表现，需要较强的无氧工作能力，也就是需要良好的协调能力，快速产生爆发力和快速无氧产能能力（即最大无氧能力）间最佳组合。此外，对于持续运动时间超过几秒的运动，还需要强大的无氧能力释放大量能量，又要有良好的有氧工作能力。

短暂剧烈运动的运动表现

短暂剧烈运动的运动表现与机体快速发力和无氧供能密切相关。不同类型的训练可以提高最大爆发力。速度训练（如10秒内以最大强度进行重复训练）和抗阻训练都可以增加最大无氧产能量，增加肌肉体积和肌肉力量。速度耐力训练（即产能训练）同样刺激无氧能量使用速率。如果训练是为了模拟比赛，可以获得更好的肌肉协调性和在极量运动中快速产生力量的能力。肌纤维类型分布的变化，即快肌纤维比例的增加也可能利于获得更佳的运动表现，因为快肌纤维较慢肌纤维发力更快。总体来说，提升运动表现不仅限于短距离项目中（如100米冲刺或50米自由泳），同样也发生于如武术和球类项目中。后述项目中，快速发力进行格斗，改变运动方向和完成假动作的能力通常也是决定比赛结果的关键。

持续高强度运动中的运动表现

高强度运动时间超过1分钟运动的运动表现能力与无氧能力相关，即运动员需最大限度调动无氧供能能力至力竭（参见第7章无氧能力）。某些运动，如800米跑、200米游泳和1000米皮划艇项目中的冲刺部分，运动员要充分利用无氧供能能力。在其他项目如冰球和篮球中，高水平的无氧能力可使运动员长时间维持快速的比赛节奏。虽然未达到最大运动强度，但当运动强度超过最大摄氧量强度后，几分钟之内便会出现疲劳现象。例如，高速起始运动，大多数运动员会在400米比赛的最后100米中被迫降速，持续43～80秒。但是什么原因引起高强度运动中的疲劳呢？

高强度运动中的疲劳

基于多年对动物的科学研究，短时高强度运动引起乳酸堆积，同时导致酸度升高（即pH值下降），引起疲劳。然而，相关人体研究并不支持这种疲劳假说。例如，一项研究对于高强度单腿踢腿运动中，以相同负荷进行两组训练，间隔1小时，在疲劳点对肌肉中的血乳酸浓度和pH值进行测定（图12-2）。在第二组训练后乳酸水平明显更低，而pH值升高。如果高乳酸

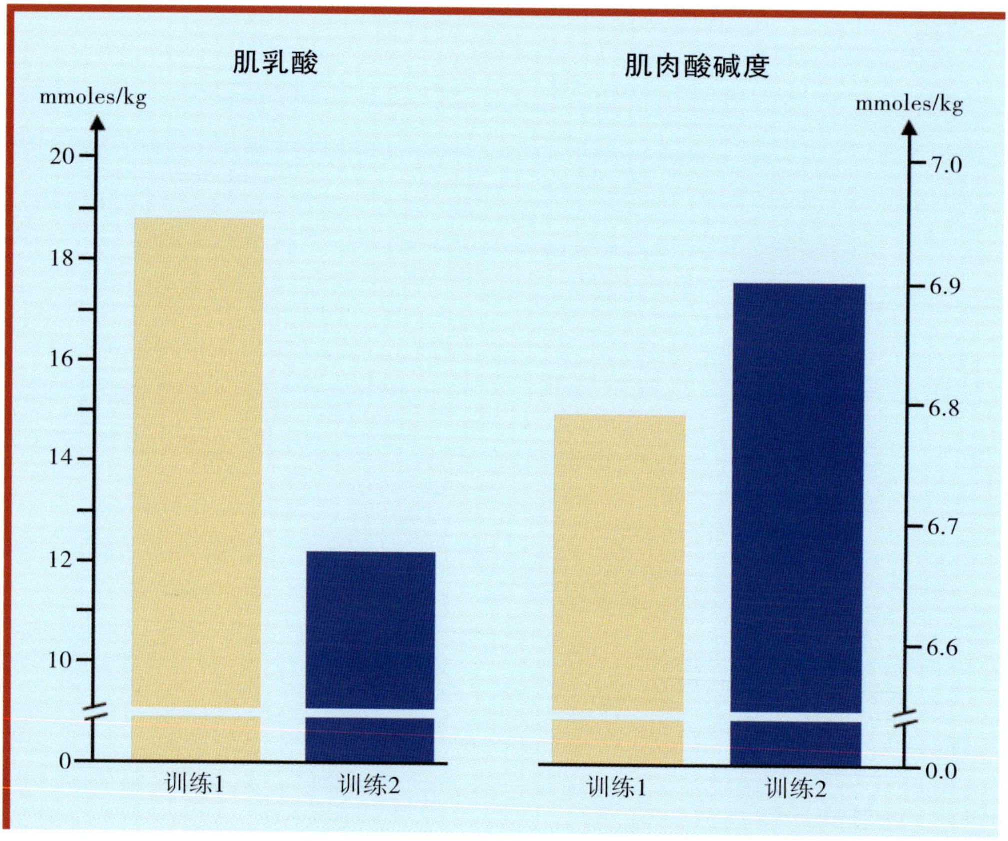

图12-2

两组单腿踢腿训练至力竭后目标肌肉中的乳酸浓度（左）和pH值（右）。两组运动间隔1小时。每组训练后（训练1与训练2），取肌肉活体组织。第二组训练后，乳酸值较低与pH值较高，说明疲劳并不是由这些因素引起；否则，受试者可继续运动至乳酸浓度和pH值达到第一组训练后的水平。

浓度或低pH值引起疲劳，那么两组训练后，测试结果理应是相似的。

其他研究表明，高强度运动所产生的疲劳可能由收缩肌肉中钾离子的堆积所引起。在高强度运动中，肌细胞释放大量钾离子（K^+）。尽管钠钾泵（NA^+-K^+泵）是一个泵系统，在肌肉表面（细胞膜）将钠离子（Na^+）转运出细胞并将钾离子转运进细胞（图12-3），但钾离子堆积在肌细胞周围的液体中，有可能因此产生疲劳。

在高强度运动中，肌肉通过小神经元传递冲动至脊髓。这些冲动抑制了使肌肉收缩的运动神经信号（图12-4）。运动开始时，可以克服这种抑制且调动更多的肌纤维。然而，随着运动的持续，负脉冲的数量逐渐增加。在某种程度上，无论付出多少努力，无法再维持运动强度。肌细胞周围钾离子的堆积可能触发了抑制信号的产生，因此限制了肌肉的收缩能力。此外，钾离子的聚集局部降低了向细胞膜传递的神经冲动（动作电位），因此降低肌纤维的收缩力

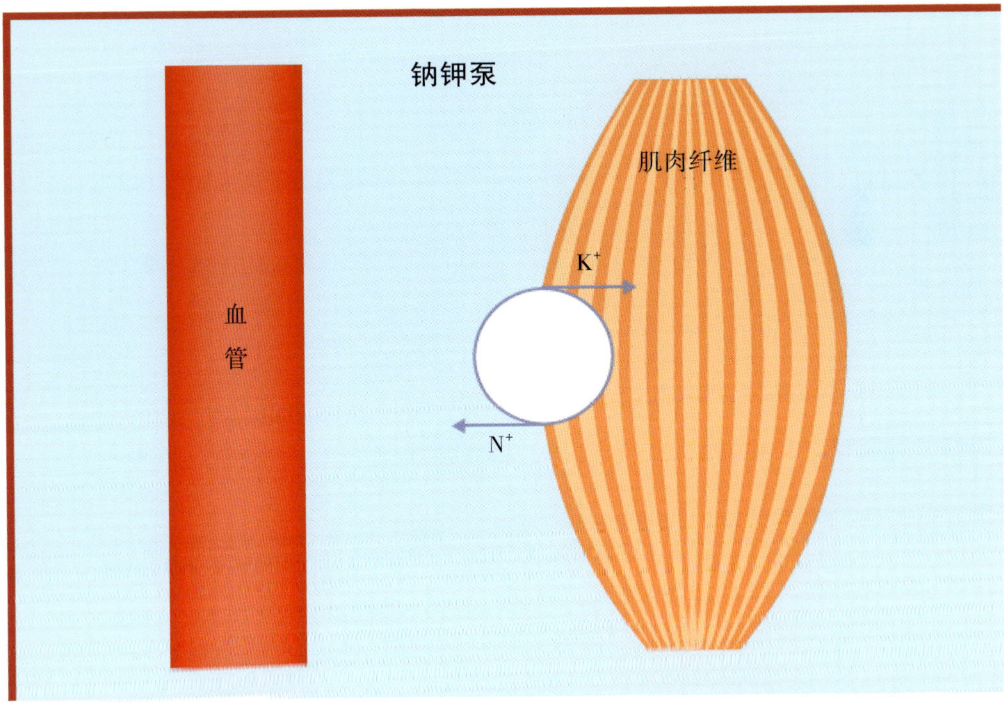

图12-3

钠钾泵（Na^+-K^+）系统的功能。钠钾泵位于肌纤维的细胞膜上，将钾离子泵入细胞内，同时将钠离子泵出细胞。

量，直至最后无法进行收缩。因此，钾离子堆积对于短期运动疲劳产生了作用。这种机制或许同样在间歇运动项目如足球中出现，在这些运动中，在高强度运动后出现暂时性疲劳。

然而，当前无法确定引起高强度运动疲劳的单一因素。疲劳可能是几方面因素共同作用的结果。例如，乳酸增多使得酸碱度降低，进而导致肌纤维细胞膜上更多钾离子通道开放。大量的钾离子从肌细胞中流失，这被认为是造成高强度运动中产生疲劳的重要因素。因此，较低的肌肉酸碱度对于肌肉收缩有间接的负面影响。

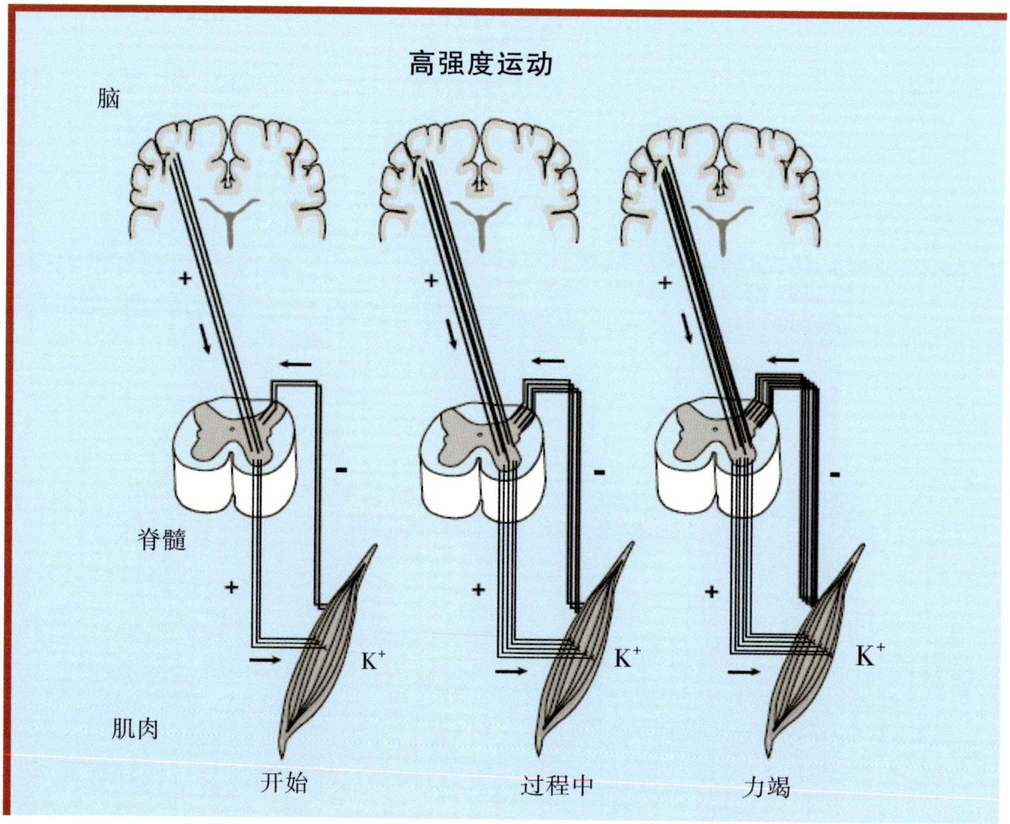

图12－4

高强度运动中产生疲劳的假说。运动开始时，肌肉中钾离子的堆积是有限的，但随着运动的进行，钾离子堆积增多，刺激肌肉中的抑制性神经冲动。在某种程度上，这种抑制作用非常明显，以至于不能募集足够数量的肌纤维以维持运动强度。此外，钾离子堆积降低了神经冲动（动作电位）在肌纤维细胞膜上的扩布，从而使得部分纤维丧失动力，直至无法收缩。

训练对高强度运动中运动表现的影响

高强度运动的运动表现，无论是在同一强度下运动更长时间，还是在相同时间内完成更高强度的运动，运动表现能力都会在一段时间的无氧速度耐力训练或有氧训练后得以提高。哪些因素引起了这些变化呢？其中一个原因是训练产生了更多的钠钾泵，使得肌肉吸收钾离子的能力有所提高。因而，在相似的运动过程中，肌细胞外钾离子堆积速率有所降低；也就是说，延长了细胞外钾离子达到临界值的时间。另一个重要的因素是乳酸氢离子载体数量的增加，这提高了向肌细胞外转运乳酸和氢离子的能力。因此以特定运动强度和时长运动后，肌细胞中的乳酸和氢离子堆积减少。此外，肌肉的缓冲能力可能有所提升，很可能是因为更多蛋白质的合成与带负电荷蛋白质离子数量增加。这些负离子可以与游离的正电荷氢离子相结合。这两个因素减小了高强度运动时肌细胞内部的酸度。肌肉较低的酸度与其他因素一起，减少了钾离子通道的开放数量。因此，单个肌细胞的钾离子渗漏较少，从而提高运动表现。

经过一段时间无氧训练后，超极量运动中的运动表现能力提高与磷酸盐储存状况改变无关，因为ATP和磷酸肌酸的浓度在训练后没有发生变化。一段时间无氧和有氧训练后肌糖原含量都能增加，但这明显不是提高运动表现的原因，因为研究显示，在开始运动的阶段糖原的降解（肝糖分解）和糖酵解速率与肌肉内糖原储存状况无关。然而，如果重复进行超极量运动，如在球类比赛中，运动开始前肌肉中有较高水平的糖原可以提高运动能力，可能是因为在这种运动中疲劳与某些肌纤维中的糖原消耗有关。然而，长时间间歇运动中的疲劳可能由其他因素所引起，如脱水。

有氧训练同样能改善高强度运动的运动表现。训练后，运动开始阶段对氧气的利用能力得到改善，最大摄氧量增加。因此，短时间高强度运动从无氧产能过程中摄取能量的比例减少，运动能够维持较长时间。有氧训练的另一重要影响是改善单个肌纤维的血液供应，这增加了纤维通过血液清除钾离子、氢离子和乳酸的能力。因此，在一定运动强度下钾离子的堆积减少，延迟疲劳的出现。此外，经过有氧训练的人恢复得更快，且在高强度运动后可以更快地重新合成磷酸肌酸。研究显示，恢复能力与毛细血管数量、氧化酶含量和肌纤维中的线粒体数量高度相关，一段时间的有氧训练后，这些方面均得到提高。高水平的恢复能力对于重复性高强度运动很重要，如球类运动中，不仅可以提高竞赛中的运动表现，而且增加了高强度运动的运动量。

由无氧训练，包括抗阻训练引起的生理性适应变化，主要发生在外周（如参与运动肌群产生的局部作用）。图12-5概述了无氧训练产生的生理变化，图12-6则说明了无氧和有氧训练产生的适应性改变如何提高高强度运动中的运动表现。

无氧训练的效果

能源物质

ATP 含量→

磷酸肌酸含量→

ATP和磷酸肌酸总量↑

糖原↑

酶的最大活性

非乳酸酶↑

糖酵解酶↑

氧化酶→↑

疲劳和离子转运蛋白

钠钾泵↑

乳酸和氢离子转运蛋白↑

缓冲能力↑

其他因素

肌肉质量↑→

肌纤维类型转化：x型快肌转a型快肌；慢肌转a型快肌

体脂↓

运动中和运动后的反应

极量运动时肌肉的协调性↑

发力速率↑

肌肉爆发力↑

极量运动中乳酸产量↑

肌肉中磷酸肌酸的再合成↑

最大心率→

最大心输出量→

最大摄氧量→

箭头：↓训练导致其下降；→训练未对其产生影响；↑训练导致其升高

图12-5

无氧训练的影响概述。

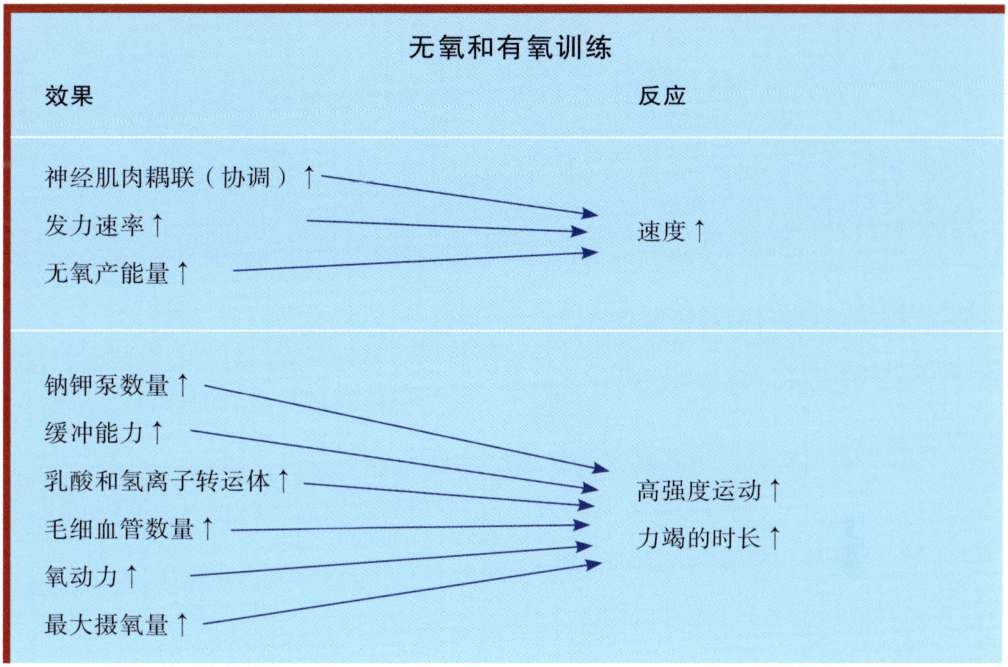

图12-6

无氧和有氧训练对高强度运动表现主要影响的耦合。

长时间运动中的疲劳

随着运动进行肌糖原含量下降。运动强度越高，糖原含量下降越快（图12-7）。研究表明，运动开始时肌糖原含量与长时间运动能完成的运动量之间存在相应联系。因此，长时间运动时出现疲劳，通常是由于过多的肌纤维消耗了糖原维持的运动强度。运动强度越高，疲劳时的肌糖原平均浓度越高，因为即使只有少量肌纤维内糖原耗尽，也难以维持高强度运动。

因此，以相当于70%～80%最大摄氧量的强度运动1～2个小时，运动表现就会受到肌糖原储量限制。因此较低强度的长时间运动过程中出现的疲劳与肝糖原耗尽紧密相关。肝脏为血液提供葡萄糖，但储存在非活跃的肌肉中的糖原无法分解并释放葡萄糖。因此，肝脏是大脑唯一的葡萄糖来源，大脑

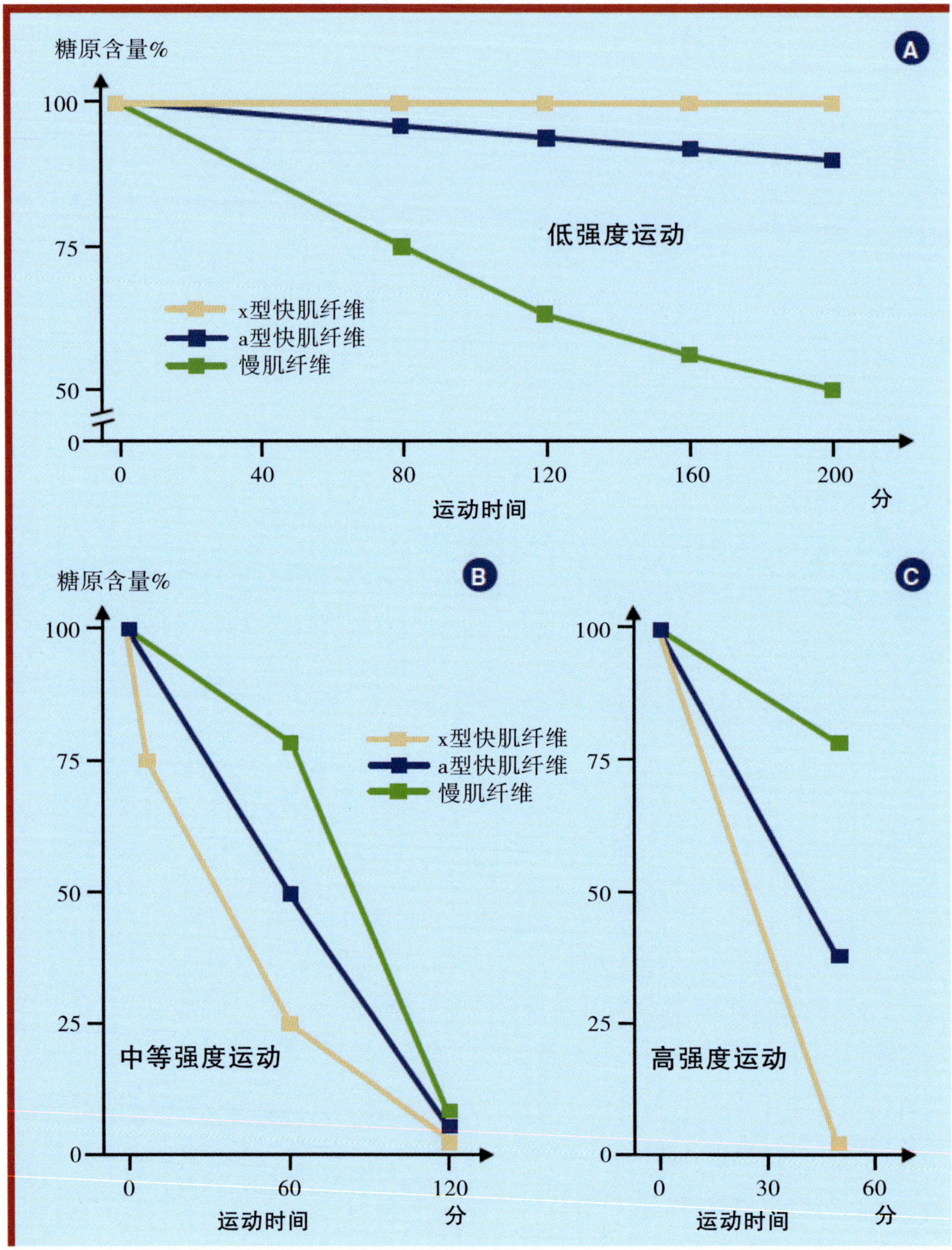

图12–7

低（A）、中（B）和高（C）强度运动时人体肌肉中3种主要肌纤维类型的肌糖原含量下降情况。与中等强度运动和高强度运动相比，低强度运动并不会导致疲劳。绿线=慢肌纤维；蓝线=a型快肌纤维；黄线=x型快肌纤维。

只能利用葡萄糖和乳酸作为能量来源。当活跃肌肉中的糖原耗尽时，肌肉会从血液中摄取更多的葡萄糖并与大脑争夺血糖。当肝糖原下降，血液中的葡萄糖浓度就难以维持，将减少供应给大脑的葡萄糖。大脑的正常活动因此受到阻碍，出现疲劳和肌肉不协调的情况。与短时运动发生疲劳的情况不同，长时间运动（超过30分钟）中的疲劳并没有伴随肌肉中乳酸与钾离子明显堆积。

肌肉和肝脏中储存的糖原是进行长时间运动的先决条件。因此，耐力项目赛前的饮食结构会对运动表现产生影响，富含碳水化合物的饮食对补充储备糖原很重要。对于时长超过1小时的运动项目，训练和比赛中均需要补充碳水化合物。尽管机体尽量保存有限的糖原，但也难以满足运动强度的需求，因此需要降低强度或停止运动。马拉松跑运动员将这种碳水化合物储备逐渐耗尽的现象称为“撞墙”。

即使在运动中有间歇训练，也可能出现撞墙现象。对足球运动员的一项研究显示，通过肌肉切片分别在赛前、赛中和赛后计算糖原含量，并结合视频分析了球员的运动。尽管所有的球员在比赛后糖原水平几乎相同，但以最高糖原水平参加比赛的球员，能够利用更多的糖原，跑动更长的距离。显然，肌糖原水平是决定足球比赛中运动量的重要因素。

每次训练或比赛后，尽快补充糖原储备为下次活动做好准备十分重要（图12-8）。如果糖原储备接近耗竭，借助高糖膳食可能需要一天才能恢复到正常水平，足球比赛后需要几天才能恢复。如果是摄入一般的混合饮食，重新补充糖原储备可能需要2～3天。运动员摄取的能量中60%～65%应该来自碳水化合物，略高于普通人群（55%～60%）。

为补充足量的糖原储备，在安排饮食时，必须考虑碳水化合物的类型和数量及摄入的时间。对于一天进行两次训练的运动员来说，训练后及时地补充易于吸收的碳水化合物非常重要。如储存在谷物中的糖和碳水化合物，玉米片和燕麦片比米饭和土豆补充糖原的速度更快，食用这些食物可以更快地补充糖原。如果一天一练，因为有充足的时间进行补充，碳水化合物摄入的类型就不那么重要了。有趣的是，肌肉吸收葡萄糖的速率在运

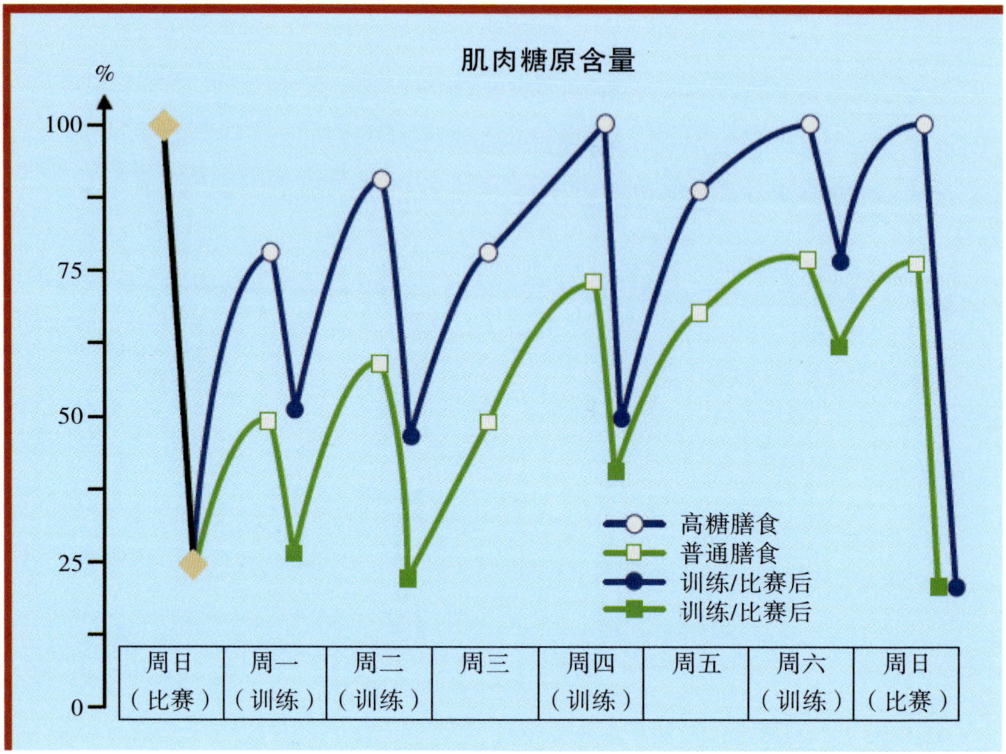

图12-8

赛季中足球运动员一训练周中肌肉内的糖原含量。周日是比赛日；周一进行低强度训练；周二和周四进行中等强度训练；周六再次进行低强度训练；周三和周五无训练。一些球员采用高糖膳食（蓝线），其他运动员采用普通膳食（绿线）。采用高糖膳食的球员在周日比赛后肌糖原恢复速率较快。因此，这组能够在一周内进行更高强度的训练。采用普通膳食的运动员在下一场比赛前的肌糖原储备量较低，可能会限制其运动表现。

动后即刻是最高的，部分原因是由于此时的胰岛素敏感性升高，肌纤维细胞膜上葡萄糖转运蛋白增多。因此，训练或比赛后不久进食和补液是有益的。

长时间运动中的运动表现

长时间持续运动过程中的运动表现与个人有氧能力相关，这取决于最大摄氧量、运动经济性和最大摄氧量利用比率（如相对运动强度或最大摄氧量百分比；图12–9）。因此，跑步的运动表现由最大摄氧量乘以最大摄氧量百分比，再除以跑步经济性来测定：

跑动速度=［相应运动强度（%）/100］×最大摄氧量［毫升/（分·千克）］/跑步经济性［毫升/（千米·千克）］

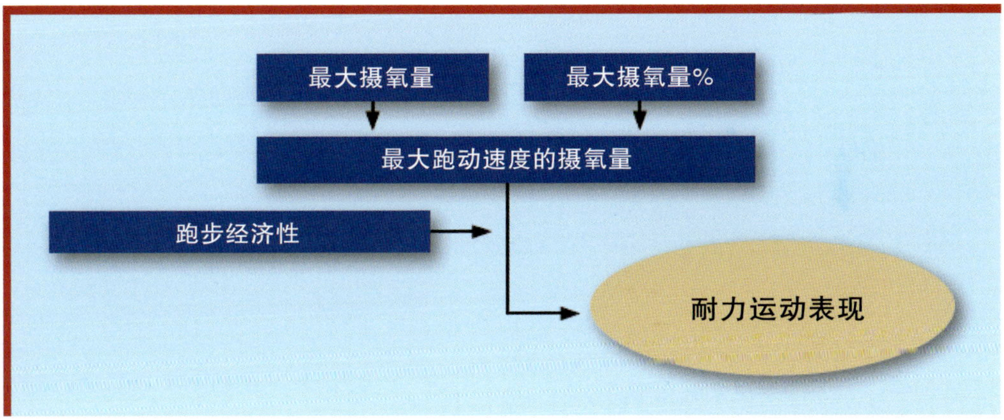

图12–9

跑动运动表现的测定。最大摄氧量（$\dot{V}O_2$-max）、相对运动强度和跑步经济性用来计算运动能力（耐力能力）。

例如，马拉松运动员的最大摄氧量为80毫升/（分·千克），相对运动强度为最大摄氧量的90%，跑步经济性为220毫升/（千米·千克），其平均跑步速度为19.6千米/小时，相当于需要跑2小时9分钟。注意无氧供能没有计算在内。尽管无氧供能占总输出能量的一小部分，但这对比赛最后冲刺阶段有关键作用。

相对运动强度是个人在较长运动时间内（超过30分钟）所具有的最大摄氧量的最高百分比。相对运动强度越高，运动表现越好（上述方程式的系数）。此关系可以通过一个例子来说明。两名优秀的马拉松运动员，他们的最大摄氧量均为80毫升氧/（分·千克），其中一人以88%的相对运动强度保持恒定速度，而另一名运动员的相对运动强度为83%。第一名运动员的运动强度为80×88/100=70毫升氧/（分·千克），而另一名运动员只能在80×83/100=66毫升氧/（分·千克）的强度下运动。一场2小时10分钟的比赛中时间上可相差6分钟以上。此外，两名运动员跑步经济性（见下述）可能存在5%~10%的差异，这可能会进一步造成两名运动员运动表现的差异。

局部骨骼肌状况，包括毛细血管数量、氧化酶活性和线粒体数量，对个体相对运动强度有很大影响，对于耐力能力也是如此。优秀的局部因素可优化对底物的利用（如脂肪氧化增加），从而减少了对肌糖原储备的利用。余下更多的碳水化合物，可以延长运动员亚极量运动的时间，比如在马拉松运动中。

跑步经济性可以理解为一个人在既定速度跑动下消耗的氧气量。因此，良好的跑步经济性（即低值）意味着在既定速度上摄氧量较低（在上述方程式中更小的底数）。跑步经济性取决于几方面因素，包括相关肌肉的爆发力与关节的灵活性，当然这可以通过训练来提高。近期的科学研究显示，肯尼亚中、长跑运动员取得巨大成功的原因之一，就是他们具备良好的跑步经济性。结合他们小腿重量轻的特点，因此，小腿肌肉精瘦与长腿相结合减少了运动负荷，且有利于每一步的能量转换。这种身体结构是遗传基因所决定的。世界顶级马拉松运动员都具备极高的最大摄氧量和良好跑步经济性，或是良好最大摄氧能力与出色跑步经济性相结合。

有氧能力的测定

有氧（耐力）能力是测定长时间进行亚极量运动的能力，可以通过多种实际测试测定。然而，有氧能力也明显受到一系列外部因素的影响，如赛道和天气条件。因此，评价测试结果时需要考虑这些因素。实验室中，有氧能力通常是通过实验测定运动员在任意既定的亚极量运动强度下运动的最长时间。具体测试方法需与项目相关，比如对于跑步运动员应进行持续跑动的测试，对于球类运动员则应进行间歇跑测试。

亚极量运动中的血乳酸浓度为持续性运动的耐力能力提供了很好的生理学指标。例如，研究显示，对于跑步运动员来说，血乳酸达到2.5～3毫摩尔/升时的速度与5000米或更长距离跑的运动表现紧密相关。此血乳酸浓度对应的速度越快，说明运动表现越优异。通过多次持续几分钟的亚极量运动，每次都从手臂静脉采集运动后即刻血液，测定乳酸水平以估算运动速度。举例来说，如果测量的血乳酸浓度为2.5毫摩尔/升和3.5毫摩尔/升，而其对应的速度分别为14千米/小时和15千米/小时，那么3毫摩尔/升血乳酸浓度对应的速度相当于14.5千米/小时。

耐力项目运动表现，如长距离跑与亚极量强度运动时的血乳酸水平高度相关的原因是血乳酸水平与肌肉内毛细血管数量和氧化酶活性成负相关。这两个因素对决定耐力能力很重要，因为高氧化酶活性和大量的毛细管数量，是维持30分钟以上最大相对运动强度（最大摄氧量百分比）的基础。世界级马拉松运动员的最大摄氧量百分比约为90%，甚至更高。因此，在马拉松比赛中，这些运动员可以达到的速度（约20千米/小时）相当于最大摄氧量速度的90%（22千米/小时）。

训练对有氧能力的影响

有氧能力可以通过提升最大有氧功率（最大摄氧量）和相对做功强度，以及改善跑步经济性来提高。尽管增加最大摄氧量能够对有氧能力产生积极影响，但由于其三个变量间的数学关系，其他两个变量的变化可能会抵消这种影响。换句话说，如果训练只注重提高最大摄氧量，而较低的最大摄氧量百分比与较低的跑步经济性或许会使耐力不发生改变，甚至还会出现下降。

最大摄氧量与其他两个对耐力很重要的因素的同时改变已经被实验证明。这些变化切实地关系到训练的计划，因为改善每一个因素的最佳方法各不相同。一项研究显示，当训练有素的跑步运动员停止训练两周后，其最大摄氧量只降低了2%～3%，与此同时，通过测量在既定的次最大负荷下运动至力竭的时间，竞技能力下降了25%。耐力能力的下降同样伴随氧化酶活性的下降，这说明肌肉内部出现了明显的适应性变化（图12-10）。因此，最大摄氧量不能决定耐力能力，这个参数的变化也不能反映对耐力至关重要的肌肉代谢上的变化（如基质的变化）。

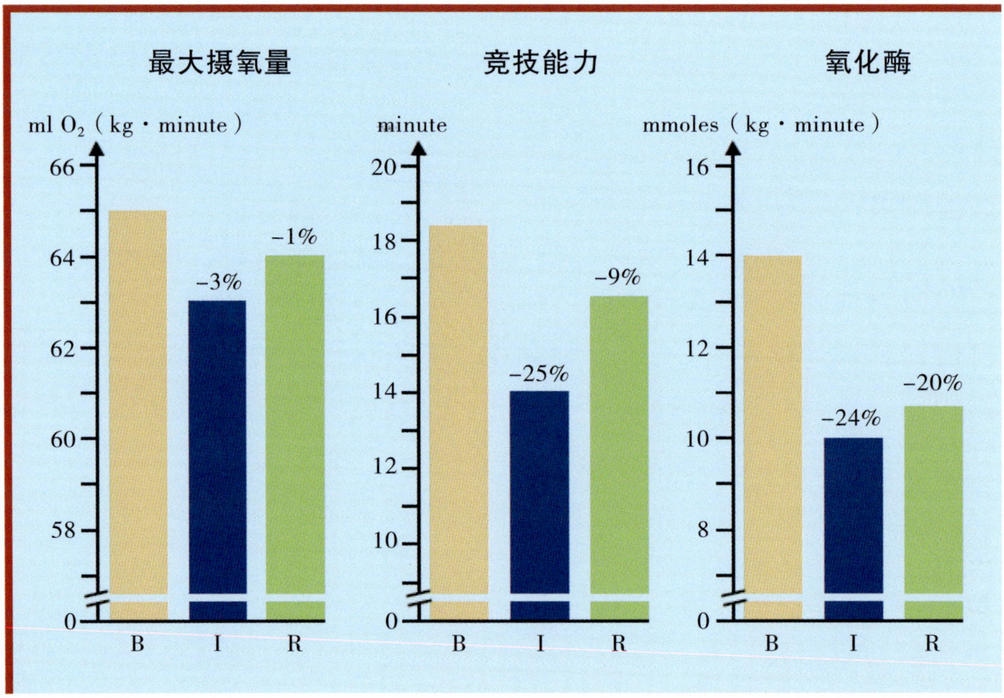

图12-10

训练和不训练状态下跑步运动员小腿肌肉中最大摄氧量、性能和氧化酶即琥珀酸脱氢酶的活性。由一组健康的跑步运动员在停止训练前进行测试（B），一条腿打石膏一周，伤停两周后进行测试（I），以及恢复训练两周后进行测试（R）。通过在跑步机上进行既定强度的跑步直至力竭的形式来完成竞技能力的测定。停止训练两周后，竞技能力和酶活性出现大幅度的下降，相比较而言最大摄氧量的降幅较小。

相对做功强度与肌肉氧化脂肪和消耗肌糖原的能力密切相关，一段时间的有氧训练后这两方面均得到提高。很明显，与未经训练的人相比，经有氧训练的人可在相对更大的最大摄氧量百分比水平上进行做功。举例来说，最好的马拉松运动员可以在相对强度相当于最大摄氧量的90%的强度上进行做功。因为他们的最大摄氧量约为90毫升/（分·千克），他们能以20千米/小时以上的速度，以2小时6分钟的最终成绩完赛。同样，5000米和10000米跑的优秀跑步运动员甚至可以分别在做功强度为98%～100%和95%～96%的最大摄氧量强度上做功（如平均速度约为23千米/小时和22千米/小时的状态上完成13分钟和27分钟的运动）。

近年来，提高跑步经济性成为人们关注的焦点。几项研究显示，发展跑步经济性比达到更高的最大摄氧量需要花费更长的时间。这就解释了为什么跑步运动员在经受了多年训练后仍然可以提高他们的竞技能力。在跑步经济性方面的提高已经从无障碍赛跑运动员上坡跑或抗阻训练的训练研究中表现出来。抗阻训练提高了跑步经济性，很多优秀的耐力项目运动员，如跑步、铁人三项以及越野跑，除了正常的训练之外，还要对腿部进行抗阻训练。然而，如果力量和耐力训练相结合，应避免肌肉的肥大（增加肌肉质量），因为这对跑步经济性有潜在的负面影响。

最近的研究同样显示，速度耐力训练可以提高跑步经济性（参见图12–15）。腿部肌肉力量、弹性和运动的改善可能是效率提高的原因。这种类型的训练使得步幅增长，以至于在既定的跑动速度上，步频下降，需氧量减少。这样，跑步运动员可以在相同速度上维持更长时间的跑动，或是在既定的跑动距离上跑得更快。

为了提高成绩，在竞赛中使用的肌肉必须在训练中得到训练。举例来说，划船运动员应该主要在船中或利用赛艇测力计来进行训练以增加耐力能力，而不是通过跑步和自行车来进行训练。如果训练目的是提高最大摄氧量，那么提高海拔高度进行训练是可行的，因为交叉训练的效果可以在这种情况下转移，尽管运动的形式不同。再例如，自行车可以提高最大摄氧量，这将会对其他运动项目的竞技能力有益，因为训练是影响所有运动的共同因素（如心脏和血管功能）。然而，由于不同项目中所运用的肌肉不同，因此局部的影响成为了限制值。

总之，有氧训练的生理学效应是复杂的，包括了中枢（图12–11）和外周的适应性（图12–12）。图12–13描述了有氧训练所产生的适应性对运动能力的主要影响。

有氧训练的主要影响

呼吸

肺容量（→）

呼吸肌耐力和力量（↑）

次最大强度运动中的通气量（→/↓）

最大强度运动时通气量（↑）

心血管，心脏

心脏的容积和质量↑（心室容积↑；心肌厚度↑）

心脏毛细血管数量↑

心脏收缩力↑

每搏量

静息状态下↑

次最大运动时↑

最大强度运动时↑

心率

静息状态下↓

次最大强度运动时↓

最大强度运动时→（↓）

心输出量

静息状态下→；

次最大强度运动时→

最大强度运动时↑

血液

血量↑（红细胞数量↑，血浆量↑）

红细胞压积→（↓）

血红蛋白浓度→（↓）

血红蛋白总量↑

血压

血压→/↓（收缩压→/↓；舒张压→/↓）

摄氧量

静息状态下→

次最大强度运动时→（↓）

最大强度运动时↑

箭头：↓随训练下降　→没有改变　↑随训练上升

图12-11

有氧训练在各项体育运动中所产生的主要影响。

有氧训练对肌肉的影响

线粒体含量和体积↑
氧化酶的最大活性↑
肌红蛋白数量↑→

糖原浓度↑
糖酵解酶最大活性→

肌肉纤维的毛细血管数量↑
血液和肌纤维间的氧气、代谢产物和底物的扩散距离↓

肌纤维类型的转化：x型快肌纤维→a型快肌纤维或者a型快肌纤维→慢肌纤维

训练反应
心输出量分配至做功肌肉的能力↑
最大血液分配给肌群的能力↑
次最大做功中摄氧能力→
– 最大做功过程中↑

次最大强度做功中的代谢：
肌肉从血液中摄取脂肪的能力↑
肌肉对脂肪的利用↑
肌肉对糖原的利用↓
肌肉中乳酸的产量↓

箭头：随训练下降↓；没有改变→；随训练增加↑

图12－12

有氧训练的外周影响情况。

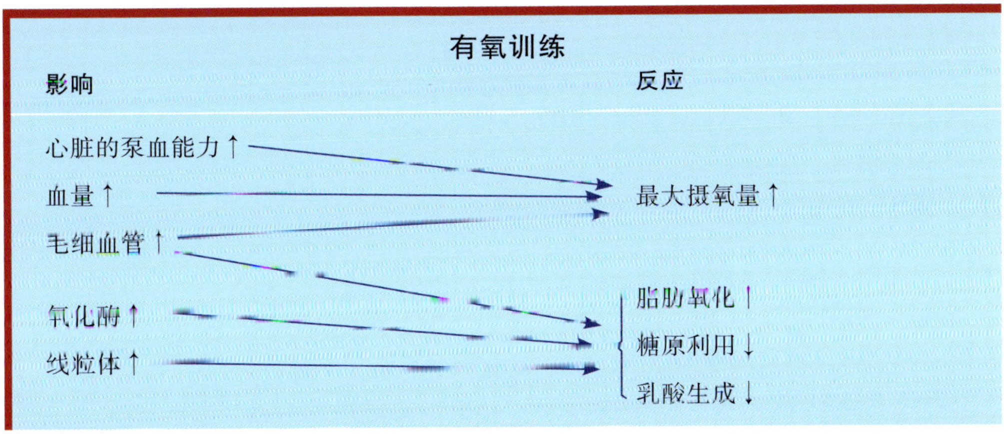

图12－13

有氧训练和耐力表现的主要影响的耦合。

强度训练对受过训练人员的影响

多项科学研究表明，受过耐力训练的运动员的竞技能力和最大摄氧量可以通过进行强度稍高于最大摄氧量强度的速度耐力训练和高强度有氧训练来得到提高。一项研究中，受过耐力训练的运动员进行8个做功周期（大约2分钟），做功强度等同于其最大摄氧量（G-100%），或者进行12个30秒的周期，强度等同于其最大摄氧量的130%（G-130%），每周两次。在另外两周的训练中，他们进行了60分钟的速度为最大摄氧量强度75%的跑步训练。在此训练前，运动员每周进行4次60分钟的跑步训练。G-100%组的最大摄氧量增加了9%［51比56毫升/（分·千克）］，同时G-130%组的最大摄氧量增加了6%［52比55毫升/（分·千克）］。对照组以75%最大摄氧量强度每周训练4次，结果没有发生改变（图12-14A）。同样，G-100%和G-130%组在3公里跑时的表现分别提高了8%和3%，而对照组的表现没有变化（图12-14B）。很明显，在训练计划中加入更大强度的跑步训练能够更为有效地提高最大摄氧量和竞技能力，当跑步运动员以最大摄氧量强度训练时，效果最佳。

最近的科学研究集中在接近最大速度的速度耐力训练运动表现效果上。一项对未经训练的人的研究表明，进行两周的最大强度骑行训练，重复6～9次，每周进行3次训练，就足以将80%最大摄氧量强度下的骑行时间从26分钟升至51分钟，肌肉中氧化酶的活性也提高了38%，但对最大摄氧量没有明显影响。因此，在两周内总共进行的13分钟高强度训练就足以产生显著的改善。然而，提高未经训练的人的竞技能力是很容易的，检测这种类型的训练对已经接受过训练的人员所产生的效果则更具价值。

在一项最近的研究中，一组经过耐力训练的运动员的训练方案被彻底改变了。为期4周的训练周期，他们从每周跑45公里变为每周高速跑5公里，在训练课后的慢跑和热身，是慢速跑7～8公里。关键的区别在于跑动速度。在训练干预前，他们每周进行4次连续的长跑训练，速度约为每小时12公里，

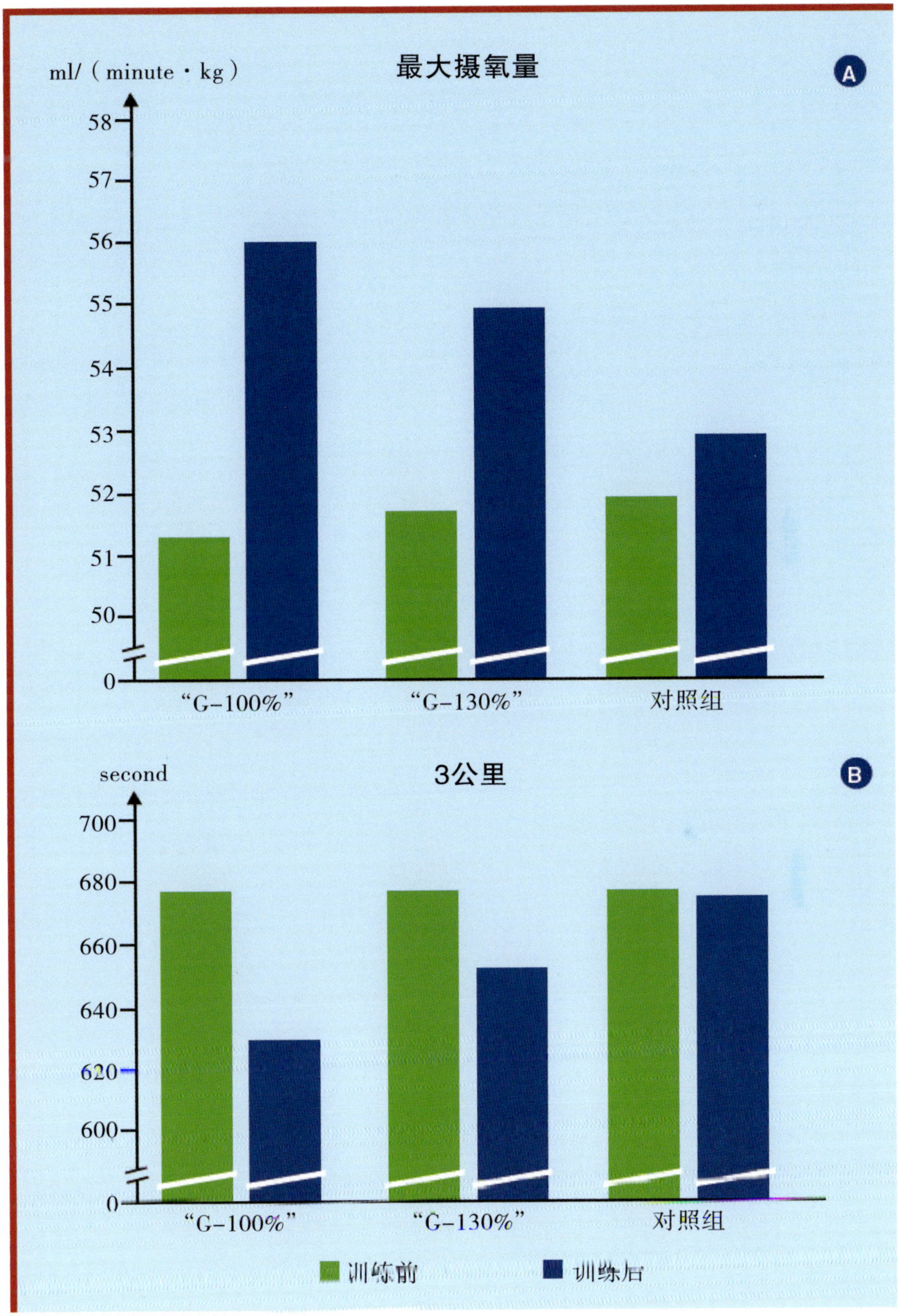

图12-14

在耐力跑运动员训练计划中增加更大强度训练周期后的反应。高强度训练包括两周的训练，训练强度为100%最大摄氧量速度（G-100%）或130%最大摄氧量速度（G-130%）。图中显示了对最大摄氧量（A）和3公里跑竞技能力（B）的影响，以及继续进行一般训练的对照组的结果。

而在训练干预期间，他们每周进行3组5～12次重复的30秒跑步练习，速度约为每小时22公里。跑步运动员在30秒冲刺测试（持续几分钟直到力竭的测试）和重复的高强度运动中的表现显著提高（图12–15）。但10公里跑的时间并没有发生改变。

在这项研究中运动表现的提高伴随着更好的跑步经济性和肌肉的显著适应，包括更多的钠钾泵（参见图12–15），这可能是短期训练运动表现提高的原因之一。研究表明，速度耐力训练可以提高高强度做功能力并仍旧维持长时间的运动表现，尽管减少了训练量。事实上，从一种训练方式向另一种训练方式的完全转变，如在这个研究中，是不合适的。因此，尽管实验不能直接转化为实践，但它说明了使用高强度训练周期进行训练的重要性。

为了研究速度耐力训练和有氧训练的实际结合，并试图在长距离运动中提高运动表现，进行了第二个研究。一个9周的训练周期中训练量减少了25%。同样速度耐力训练由6～12次的30秒跑组成，跑动速度约为最大速度的95%，每周进行3次。跑步运动员不仅在高强度运动过程中获得了显著提高，而且在3公里跑（10.1比10.4分钟）和10公里跑（36.3比37.3分钟，图12–16）上也得

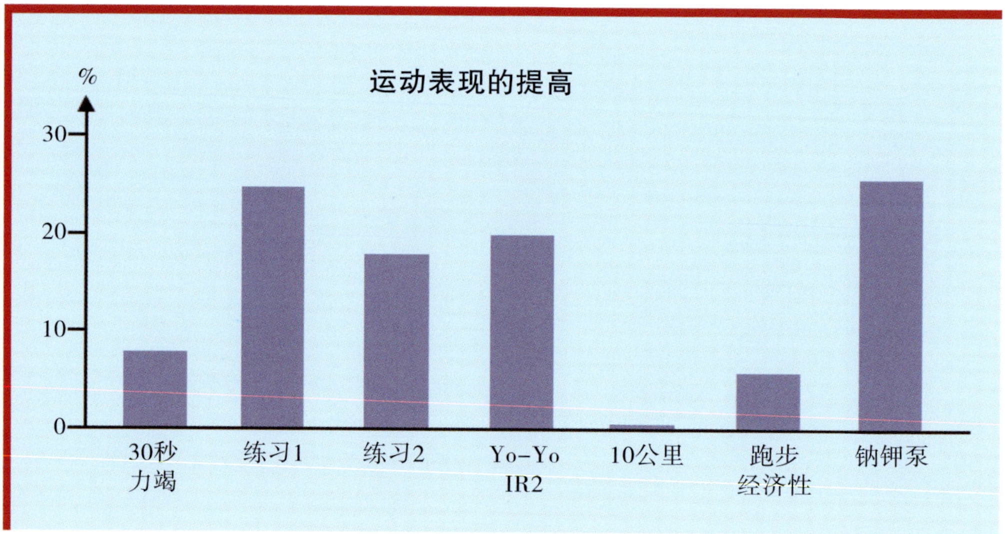

图12–15

随训练计划改变而出现的运动表现的改变。跑步运动员明显减少了耐力训练的数量，以接近最大速度进行30秒的间歇练习。在跑步能力（除了10公里跑）、跑步经济性以及钠钾泵的数量上都得到了改善。

到了提高。此外，12名运动员中有6人在10公里跑中创造了新的个人最好成绩，尽管他们之前已经训练了5年多。经过9周的训练后，跑步经济性也得到了提高。钠钾泵的数量也有所增加（参见图12-16）。同样，泵数量的增加可以在一定程度上解释这些提高。再有近期的研究发现，训练有素的足球运动员在进行更多耐力速度训练和整体训练量减少的训练方案之后，仅两周就出现了进步。

总的来说，这些研究表明，通过增加训练强度和减少训练量能够获得显著的训练效果。新的发现表明，速度耐力训练对提高运动表现有非常积极的影响，即使在持续40分钟的耐力运动上也是非常奏效的。这种类型的训练使用较少，对于提高运动表现来说有很大潜力，即使对于业余的跑步者来说也是如此。

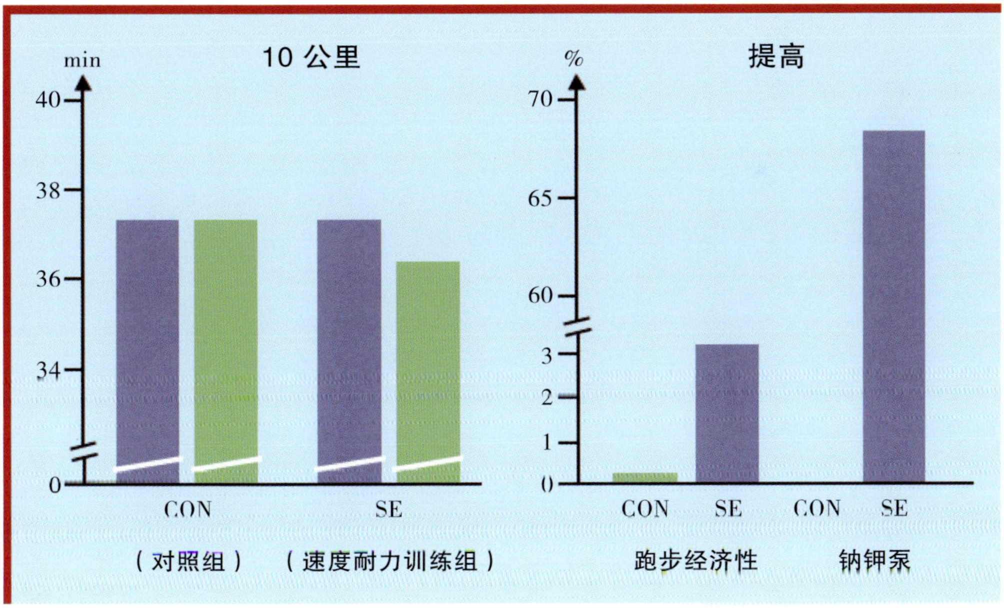

图12-16

训练计划中加入高强度训练后对于钠钾泵与跑步经济性（右）和运动表现（左）的影响。训练包括以接近最大速度进行30秒重复跑（速度耐力训练；SE）。请注意速度耐力训练组在10公里跑（10-K）运动表现、跑步经济性和钠钾泵数量方面的提高。而对照组继续沿用常规的跑动练习且没有任何变化。

总结

在高强度运动中的运动表现与疲劳的发展相关，这可能是由于收缩肌肉的钾离子堆积及偏低的肌肉酸碱度所产生的消极影响。因此，增加钠钾泵和肌肉中排出氢离子的转运通道的数量，在经过一段时间的无氧训练后，对提高竞技能力产生影响。耐力比赛的平均速度由运动员的最大摄氧量（每分钟可以摄取的最大氧气量），做功经济性（每做功单位内每千克体重的摄氧量），以及相对做功强度（可维持的最大摄氧量百分比）来决定。既定做功强度上做功的时间取决于糖原储备的大小和肌糖原消耗速度。有氧训练增加了最大摄氧量和燃烧脂肪的能力，从而降低了糖原的使用。无氧训练可以提高做功的经济性。

学习任务

复习题

1. 钠钾泵如何工作？如何影响疲劳的发展产生？
2. 肌肉pH值降低将如何影响高强度运动时的表现？
3. 无氧训练如何影响温盖特实验中的峰值输出功率？
4. 长时间运动过程中的疲劳成因？
5. 长时间、低强度运动和高强度、短时间运动过程中，主要类型肌纤维的糖原消耗有何不同？

计算题

对3名体重均为70公斤的优秀马拉松运动员进行了测试，结果如下：

	跑步经济性	相对做功强度	最大摄氧量
运动员A	180	80	5.0
运动员B	200	85	4.5
运动员C	220	85	5.0

1. 指定每个变量的单位。

2. 计算每名运动员跑1公里所需要多少氧气。

3. 计算每名运动员在马拉松跑中的最大跑动速度。

4. 计算每名运动员的马拉松时间。

5. 如果运动员B想要以运动员A相同的时间完成马拉松，估算3个变量中的每个变量。对运动员C重复进行这些计算。评估（对每个变量）每名运动员通过训练来实现这些变化是否可行。

专有名词中英文对照

A

Actin 肌动蛋白

Activity 活动

Adenosine diphosphate 二磷酸腺苷 （ADP）

Adenosine monophosphate 一磷酸腺苷（AMP）

Adenosine triphosphate 三磷酸腺苷 （ATP）

Adrenal cortex 肾上腺皮质

Adrenaline 肾上腺素

Adrenal medulla 肾上腺髓质

Aerobic training 有氧训练

  High 高强度

  Low 低强度

  Moderate 中等强度

Afferent neurons 传入神经元

Altitude house 高原屋

Anaerobic capacity 无氧能力

Anaerobic enzymes 无氧酶

Anaerobic training 无氧训练

Anterior pituitary gland 垂体前叶

Arteries 动脉

Arterioles 微动脉

Arterio - venous oxygen difference 动静脉氧差

Automatic phase 自动化阶段

Automatic nervous system 自主神经系统

Axon 轴突

B

Blood 血液

  Composition 成分

  Doping 兴奋剂

C

Capillaries 毛细血管

Cardiac output 心输出量

Central nervous system 中枢神经系统

Cerebral cortex 大脑皮质

Concentric 向心

Conduction 传导

Convection 传递

Coronary arteries 冠状动脉

Cortisol 皮质醇

Creatine 肌酸

Creatine kinase 肌酸激酶（CK）

Creatine phosphate 磷酸肌酸

D

Diabetes mellitus 糖尿病

Diastolic pressure 舒张压

Dynamic 有活性的，活跃的

E

Eccentric contraction 离心收缩

Efferent neurons 传出神经元

Electron transport chain 电子传递链

Endocrine glands 内分泌腺

Enzymes 酶

Epinephrine 肾上腺素

Erythropoietin 促红细胞生成素

Evaporation 蒸发
External respiration 外呼吸，肺呼吸

F

Fast twitch fibres 快肌纤维
Fatigue index 疲劳指数
Fibre type distribution 肌纤维类型分布
FTa fibres a型快肌纤维
FTx fibres x型快肌纤维

G

Gel electrophoresis 凝胶电泳
Glucagon 胰高血糖素
Glycogenolysis 糖原分解
Glycolysis 糖酵解
Glycolytic enzymes 糖酵解酶
Growth hormone 生长激素

H

Haematocrit 红细胞压积
Haemoglobin 血红蛋白
Heart rate 心率
Heart rate reserve 心率储备
Hormones 激素
Hydrogen ion 氢离子

I

Impulse 神经冲动
Insulin 胰岛素
Intermittent exercise 间歇练习
Internal respiration 内呼吸
Interneurons 中间神经元
Isometric 等长的

J

Jump 跳跃

K

Kicking 踢

Krebs cycle 克氏循环

L

Lactate ion 乳酸离子

M

Maximal oxygen uptake 最大摄氧量

Maximum anaerobic power 最大无氧能力

Messenger RNA 信使核糖核酸

Mitochondria 线粒体

Motor learning 运动学习

Motor neurons 运动神经元

Motor phase 运动阶段

Motor unit 运动单元

Muscle biopsy 肌肉活检

Muscle fibres 肌肉纤维

Myoglobin 肌球蛋白

Myosin 肌凝蛋白

Myosin-ATPase 肌凝蛋白-三磷酸腺苷酶

N

Nerves 神经

Neuron 神经元

Noradrenaline 去甲肾上腺素

Norepinephrine 去甲肾上腺素

O

Oxidative enzymes 氧化酶

Oxygen debt 氧债

Oxygen deficit 缺氧

Oxygen extraction 氧提取

Oxygen uptake 摄氧量

P

Pancreas 胰腺

Parasympathetic 副交感神经

Peripheral nervous system 周围神经系统

PH 酸碱度

Phosphofructokinase 磷酸果糖激酶

Platelets 血小板

Potassium channels 钾通道

Potassium ions 钾离子

Production training 生成训练

R

Radiation 辐射

Rate of force development 发力速率

Reaction 反应

Recruitment pattern 募集方式

Red blood cells 红细胞

Relative work intensity 相对做功强度

Resistance training 抗阻训练

Respiratory exchange coefficient 呼吸交换系数

Respiratory frequency 呼吸频率

Respiratory quotient 呼吸商

Running economy 跑步效率，跑动经济性

S

Sensory neurons 感觉神经元

Slow component 慢组分

Slow twitch fibres 慢缩肌纤维

Smooth muscle cells 平滑肌细胞

Sodium ions 钠离子

Sodium potassium pump 钠钾泵

Speed endurance training 速度耐力训练

Speed training 速度训练

Stretch reflex 牵张反射

Stroke volume 每搏输出量，每搏量

Sub-maximal exercise 亚极量训练，次最大强度训练

Substrates 基底

Sympathetic 交感神经

Synapse 突触

Systolic pressure 收缩压

T

Testes 睾丸

Testosterone 睾酮

Throwing 投掷

Tidal volume 潮气量

Tolerance training 耐受性训练

Transcription 转录

Translation 转化

U

Understanding phase 认知阶段

V

Venules 小静脉

White blood cells 白细胞

Wingate test 温盖特测试

Vital capacity 肺活量

Withdrawal and crossed extensor reflexes 退缩与对侧伸肌反射

参考文献与推荐阅读

Aagaard P., Andersen J.L.: Effects of strength training on endurance capacity in top-level endurance athletes. Scand. J. Med. Sci. Sports Suppl. 2: 39–47, 2010.

Andersen, J.L., Klitgaard, H. & Saltin, B.: Myosin heavy chain isoforms in single fibres from m. vastus lateralis of sprinters: influence of training. Acta. Physiol. Scand. 151: 135-142, 1994.

Balsom, P.D., Seger, J.Y., Sjödin, B. & Ekblom, B.: Physiological responses to maximal intensity intermittent exercise. Eur. J. Appl. Physiol. 65: 144-149, 1992.

Balsom, P.D., Seger, J.Y., Sjödin, B. & Ekblom, B.: Maximal Intensity Exercise: Effect of Recovery Duration. Int. J. Sports Med. 13: 528-533, 1992.

Balsom, P., Söderlund, K. & Ekblom, B.: Creatine in Humans with Special Reference to Creatine Supplementation. Sports. Med. 18: 268-280, 1994.

Bangsbo, J., Graham, T., Johansen, L. & Saltin, B.: Muscle lactate metabolism in recovery from intense exhaustive exercise: impact of light exercise. J. Appl. Physiol. 77: 1890-1895, 1994.

Bangsbo, J.: Fitness Training in Football – a Scientific Approach. pp. 1-336. www.bangsbosport.com, 1994.

Bangsbo, J.: Physiology of intermittent exercise. In: Exercise: Basic and Applied Science. Eds.: Garrett and Kirkendall, USA. pp. 53-66, 1999.

Bangsbo J.: Aerobic and Anaerobic Training in Soccer - With Special Emphasis on Training of Youth Players. Fitness Training in Soccer I. pp. 1-231. www.bangsbosport.com, 2007.

Bangsbo J.: In health and in a normoxic environment, VO2 max is limited primarily by cardiac output and locomotor muscle blood flow. J. Appl. Physiol. 2: 744-745, 2006.

Bangsbo J., Iaia F.M., Krustrup P.: The Yo-Yo intermittent recovery test: a useful tool for evaluation of physical performance in intermittent sports. Sports Med. 38: 37-51, 2008.

Bangsbo J., Mohr M., Krustrup P.: Training and testing the elite athlete. J. Exer. Sci. Fit. 4: 1-14, 2006.

Bangsbo J., Mohr M.: Fitness Testing in Football. Bangsbosport, www.bangsbosport.com, 2011.

Bird S.P., Tarpenning K.M., Marino F.E.: Designing resistance training programmes to enhance muscular fitness: a review of the acute programme variables. Sports Med. 35: 841-851, 2005.

Bogdanis, G.C., Nevill, M.E., Boobis, L.H., Lakomy, H.K. & Nevill, A.M.: Recovery of power output and muscle metabolites following 30 s of maximal sprint cycling in man. J. Physiol. 15: 467-480, 1995.

Bogdanis, G.C., Nevill, M.E., Lakomy, H.K. & Boobis, L.H.: Power output and muscle metabolism during and following recovery from 10 and 20 s of maximal sprint exercise in humans. Acta. Physiol. Scand. 163: 261-272, 1998.

Boobis, L.H.: Metabolic aspects of fatigue during sprinting, In: Exercise, Benefits, Limits and Adaptation, E. & F. N. Spon. Eds.: Macloed, Maugan, Nimmo, Reilly & Williams, pp. 116-143, 1987.

Bradley P.S., Mohr M., Bendiksen M., Randers M.B., Flindt M., Barnes C., Hood P., Gomez A., Andersen J.L., Di Mascio M., Bangsbo J., Krustrup P.: Sub-maximal and maximal Yo-Yo intermittent endurance test level 2: heart rate response, reproducibility and application to elite soccer. Eur. J. Appl. Physiol. 111: 969-978, 2010.

Burgomaster, K.A., Hughes, S.C., Heigenhauser, G.J., Bradwell, S.N., Gibala, M.J.: Six sessions of sprint interval training increases muscle oxidative potential and cycle endurance capacity in humans. J Appl Physiol. 98:1985-1990, 2005.

Christensen P.M., Krustrup P., Gunnarsson T.P., Kiilerich K., Nybo L., Bangsbo J.: VO_2 kinetics and performance in soccer players after intense training and inactivity. Med. Sci. Sports Exerc., 2011.

Esfarjania, F., Laursen P.B.: Manipulating high-intensity interval training: Effects on the lactate threshold and 3000 m running performance in moderately trained males. J. Sci. Med. Sport 10:27-35, 2007.

Gaitanos, G.C., Williams, C., Boobis, L.H. & Brooks, S.: Human muscle metabolism during intermittent maximal exercise. J. Appl. Physiol. 75: 712-719, 1993.

Henriksson J., Reitman J.S.: Quantitative measures of enzyme activities in type I and type II muscle fibres of man after training. Acta Physiol. Scand. 97: 392-397, 1976.

Iaia, F.M., Thomassen, M., Kolding, H., Gunnarsson, T., Wendell, J., Rostgaard, T., Nordsborg, N., Krustrup, P., Nybo, L., Hellsten, Y., Bangsbo, J.: Reduced volume but increased training intensity elevates muscle Na^+-K^+ pump alpha1-subunit and NHE1 expression as well as short-term work capacity in humans. Am. J. Physiol. 294: R966-974, 2008.

Iaia, F.M., Hellsten, Y., Nielsen, J.J., Fernström, M., Sahlin, K., Bangsbo, J.: Four weeks of speed endurance training reduces energy expenditure during exercise and maintains muscle oxidative capacity, despite a significant reduction in training volume. J. Appl. Physiol. 106:73-80, 2009.

Iaia F.M., Perez-Gomez J., Nordsborg N., Bangsbo J.: Effect of previous exhaustive exercise on metabolism and fatigue development during intense exercise in humans. Scand. J. Med. Sci. Sports. 20: 619-629, 2010.

Iaia F.M., Hellsten Y., Nielsen J.J., Fernström M., Sahlin, Bangsbo J.: Four weeks of speed endurance training reduces energy expenditure during exercise and maintain muscle oxidative capacity, despite a significant reduction in training volume. J. Appl. Physiol. 106: 73-80, 2009.

Iaia F.M., Rampinini E., Bangsbo J.: High-intensity training in football. Int. J. Sports. Physiol. Perform. 4: 291-306, 2009.

Iaia F.M., Thomassen M., Kolding H., Gunnarsson T., Wendell J., Rostgaard T., Nordsborg N., Krustrup P., Nybo L., Hellsten Y., Bangsbo J.: Reduced volume but increased training intensity elevates muscle Na+,K+ pump {alpha}1 subunit and NHE1 expression as well as short-term work capacity in humans. Am. J. Physiol. 294: R966-R974, 2008.

Iaia F.M., Perez-Gomez J., Thomassen M., Nordsborg N.B., Hellsten Y., Bangsbo J.: Relationship between performance at different exercise intensities and skeletal muscle characteristics. J. Appl. Physiol. 110: 1555-63, 2011.

Iaia F.M., Bangsbo J.: Speed endurance training is a powerful stimulus for physiological adaptations and performance improvements of athletes. Scand. J. Med. Sci. Sports. Suppl 2:11-23, 2010.

Jensen J.M., Bredsgaard-Randers M., Krustrup P., Bangsbo J.: Intermittent high intensity drills improve in-seasonal performance of elite soccer players. In: Science and Football VI. Eds. Reilly T. & Korkusuz F. Routledge, London; pp. 296-301, 2009.

Jensen, K., Johansen, L. & Secher, N.H.: Influence of body mass on maximal oxygen uptake: effect of sample size. Eur. J. Appl. Physiol. 84: 201-205, 2001.

Jones A., Carter H.: The effect of endurance training on parameters of aerobic fitness. Sports Med. 29: 373-386, 2000.

Juel C., Klarskov C., Krustrup P., Mohr M., Bangsbo J.: Effect of high intense intermittent training on lactate and H+ release from human skeletal muscle. Am. J. Physiol. 286: E245-E251, 2004.

Krustrup P., Hellsten Y., Bangsbo J.: Interval training elevates muscle oxygen uptake at high but not at low exercise intensities. J. Physiol. 559: 335-45, 2004.

Krustrup P., Ortenblad N., Nielsen J., Nybo L., Gunnarsson T.P., Iaia F.M., Madsen K., Stephens F., Greenhaff P., Bangsbo J.: Maximal voluntary contraction force, SR function and glycogen resynthesis during the first 72 h after a high-level competitive soccer game. Eur. J. Appl. Physiol., 2011.

Krustrup P., Christensen J.F., Randers M.B., Pedersen H., Sundstrup E., Jakobsen M.D., Krustrup B.R., Nielsen J.J., Suetta C., Nybo L., Bangsbo J.: Muscle adaptations and performance enhancements of soccer training for untrained men. Eur. J. Appl. Physiol. 108: 1247-1258, 2010.

Krustrup P., Jones A.M., Wilkerson D.P., Calbet J.A., Bangsbo J.: Muscular and pulmonary O2 uptake kinetics during moderate- and high-intensity sub-maximal knee-extensor exercise in humans. J. Physiol. 587: 1843-1856, 2009.

Krustrup P., Secher N.H., Relu M., Hellsten Y., Soderlund K, Bangsbo J.: Neuromuscular blockade of slow twitch muscle fibres elevates muscle oxygen uptake and energy turnover during submaximal exercise in humans. J. Physiol. 586: 6037-6048, 2008.

Krustrup P, Söderlund K, Mohr M, Bangsbo J.: The slow component oxygen uptake during intense, sub-maximal exercise in man is associated with additional fibre recruitment. Pflügers Arch. 447: 855-866, 2004.

Krustrup P., Mohr M., Nybo L., Jensen J.M., Nielsen J.J., Bangsbo J.: The Yo-Yo IR2 test: physiological response, reliability, and application to elite soccer. Med. Sci. Sports Exerc. 38:1666-1673, 2006.

Larsen, H.B.: Training principles in distance running. In.: Running & Science – in an Interdisciplinary Perspective. Eds.: Bangsbo & Larsen, Munksgaard, pp. 123-147, 2001.

Laursen P.B., Shing C.M., Peake J.M., Coombes J.S., Jenkins D.G.: Interval training program optimization in highly trained endurance cyclists. Med. Sci. Sports Exerc. 34: 1801-1807, 2002.

Laursen P.B.: Training for intense exercise performance: high-intensity or high-volume training? Scand. J. Med. Sci. Sports. Suppl 2: 1-10, 2010.

Leveritt, M., MacLaughlin, H. & Abernethy, P.J.: Changes in leg strength 8 and 32 h after endurance exercise. J. Sports. Sci. 18: 865-871, 2000.

Levine, B.D. & Stray-Gundèrsen, J.: A practical approach to altitude training. Int. J. Sports. Med. 13: 209-212, 1992.

Kiens, B. & Richter, E.A.: Utilization of muscle triaglycerol during post-exercise recovery in man. Am. J. Physiol. 274: E89-E95, 1998.

Mckenna M., Bangsbo J., Renaud J.: Muscle K^+, Na^+, Cl^- disturbances and Na^+,K^+-pump inactivation: implications for muscle fatigue. J. Appl. Physiol. 104: 288-295, 2008.

Midgley, A.W., McNaughton, L.R., Wilkinson, M.: Is there an optimal training intensity for enhancing the maximal oxygen uptake of distance runners? Empirical research findings, current opinions, physiological rationale and practical recommendations. Sports Med. 36: 117-132, 2006.

Mujika, I.: The influence of training characteristics and tapering on the adaptation in highly trained individuals: A review. Int. J. Sports Med. 19: 439-446, 1998.

Nielsen, B. & Krog, P.: Optimal fluid replacement during long-lasting exercise in 18 °C and 32 °C ambient temperature. Scand. J. Med. Sci. Sports. 4: 173-180, 1994.

Nielsen J.J., Mohr M., Klarskov C., Kristensen M., Krustrup P., Juel C., Bangsbo J.: Effects of high-intensity intermittent training on potassium kinetics and performance in human skeletal muscle. J. Physiol. 554: 857-870, 2004.

Nordsborg N., Ovesen J., Thomassen M., Zangenberg M. A., Jøns C., Iaia F.M., Nielsen J.J., Bangsbo J.: Effect of dexamethasone on skeletal muscle Na^+, K^+ pump subunit specific expression and K^+ homeostasis during exercise in humans. J. Physiol. 586: 1447-1459, 2008.

Nyberg M., Mortensen S.P., Saltin B., Hellsten Y., Bangsbo J.: Low blood flow at onset of moderate-intensity exercise does not limit muscle oxygen uptake. Am. J. Physiol. 298: R843-848, 2010.

Randers M.B., Nybo L., Petersen J., Nielsen J.J., Christiansen L., Bendiksen M., Brito J., Bangsbo J., Krustrup P.: Activity profile and physiological response to football training for untrained males and females, elderly and youngsters: influence of the number of players. Scand. J. Med. Sci. Sports. Suppl 1:14-23, 2010.

Reilly, T. and Bangsbo, J.: Anaerobic and aerobic training. In: Applied Sport Science: Training in sport. Eds.: B. Elliott, Australia, pp. 351-380, 1998.

Rostgaard T., Iaia F.M., Simonsen D.S., Bangsbo J.: A test to evaluate the physical impact on technical performance in soccer. J. Strength Cond. Res. 22: 283-292, 2008.

Running & Science - in an Interdisciplinary Perspective. Eds.: Bangsbo & Larsen, Munksgaard, 2001.

Saltin B.: The physiological and biochemical basis of aerobic and anaerobic capacities in man: Effect of training and range of adaptation. In: An update on Sports Medicine, Mæhlum/Nilsson/Renstrøm, 1987.

Shepley, B., MacDougall, J.D., Cipriano, N., Sutton, J.E., Tarnopolsky, M.A. & Coates, G.: Physiological effects of tapering in highly trained athletes. J. Apppl. Physiol. 72: 706-711, 1992.

Street D., Nielsen J.J., Bangsbo J., Juel C.: Metabolic alkalosis reduces exercise-induced acidosis and potassium accumulation in human skeletal muscle interstitium. J. Physiol. 566: 481-489, 2005.

Svedenhag, J.: Running economy. In.: Running & Science – in an Interdisciplinary Perspective. Eds.: Bangsbo & Larsen, Munksgaard, pp. 85-109, 2001.

Thomassen M., Christensen P.M., Gunnarsson T.P., Nybo L., Bangsbo J.: Effect of 2-wk intensified training and inactivity on muscle Na+-K+ pump expression, phospholemman (FXYD1) phosphorylation, and performance in soccer players. J. Appl. Physiol. 108: 898-905, 2010.

Weltman, A., Weltman , J.Y., Schuwer, R., Evans, W.S., Veldhuis J.D. & Rogel, A.D.: Endurance training amplifies the pulsatile release of growth hormone: effects of training intensity. J. Appl. Physiol. 72: 2188-2196, 1992.

Wenger, A.H. & Bell, J.G.: The Interactions of intensity, frequency and duration of exercise training in altering cardiorespiratory fitnesss. Sports Med. 3: 346-356, 1986.

Åstrand, P.O. & Rodahl, K.: Textbook of Work Physiology. New York: McGraw-Hill.

Internet pages
www.soccerfitness.com
www.bangsbosport.com
www.idrottsbokhandeln.se

• 亚足联教练员培训指定教材

足球体能训练丛书

足球有氧与无氧训练
Aerobic and Anaerobic Training in Soccer
延斯·邦斯博著
Jens Bangsbo
C、B、A及职业级教练员培训教材

足球体能测试
Fitness Testing in Football
延斯·邦斯博
Jens Bangsbo
麦格尼·莫尔著
Magni Mohr
B、A及职业级教练员培训教材

足球运动与训练生理学
Exercise and Training Physiology
延斯·邦斯博著
Jens Bangsbo
A及职业级教练员培训教材

足球力量训练
Power Training in Football
延斯·邦斯博
Jens Bangsbo
杰斯帕·L. 安德森著
Jesper L. Andersen
A及职业级教练员培训教材

足球个人体能训练
Individual Training in Football
延斯·邦斯博
Jens Bangsbo
麦格尼·莫尔著
Magni Mohr
A及职业级教练员培训教材

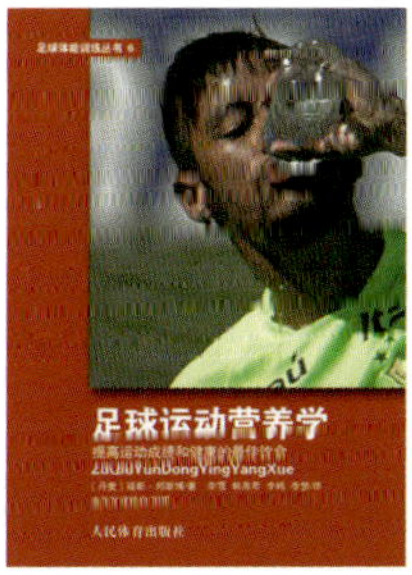

足球运动营养学
Nutrition in Football
延斯·邦斯博著
Jens Bangsbo
A及职业级教练员培训教材

版权声明

书名：EXERCISE AND TRAINING PHYSIOLOGY

A simple approach

版权合同登记号：图字01-2018-6127